Margit Graf-Classen

Auf dem Weg zu einem freudigen Leben

Spirituelle Lebensführung
in Anlehnung an Hildegard Weisheiten

Auf dem Weg zu einem freudigen Leben
Spirituelle Lebensführung in Anlehnung an Hildegard Weisheiten

© 2016 Margit Graf-Classen

Umschlaggestaltung, Illustration: Christa Schmitt
Druckerei: Benedict Press, Abtei Münsterschwarzach
ISBN 978-3-00-052729-6

Bibliografische Information der Deutschen Nationalbibliothek:
Die Deutsche Nationalbibliothek verzeichnet diese Publikation in der Deutschen Nationalbibliografie; detaillierte bibliografische Daten sind im Internet über http://dnb.d-nb.de abrufbar.

Inhaltsverzeichnis:

Vorwort

Hildegard von Bingen hat eine ganzheitliche Medizin für unseren Kulturkreis hinterlassen, die die Spiritualität mit einbezieht. Das Denken, Fühlen und Handeln und unser körperlicher Gesundheitszustand werden bei ihr als eine Einheit gesehen. In ihren Schriften finden wir die Tugenden und Laster als Leitfaden für unsere innere Entwicklung - heute würden wir Ihre Empfehlungen Psychotherapie nennen. Das vorliegende Buch erlaubt Ihnen, neue Ideen zu entwickeln, um in der heutigen Zeit eine erfüllte Spiritualität zu leben. Auf dem Weg der persönlichen Weiterentwicklung wandelt sich über die Lebensspanne auch unser Gottesbild und die Umsetzung des Glaubens im Alltag. In diesem natürlichen Prozess mit Phasen von Zweifeln ist es hilfreich, sich auf die Suche nach wegweisenden Inhalten und neuen Erfahrungen zu machen - in diesem Buch finden Sie Inspirationen und Umsetzungsideen für Ihren spirituellen Alltag.
Ich wünsche Ihnen Vergnügen an der inneren Arbeit mit Ihren Gedanken und Gefühlen und gutes Fortschreiten darin, die Freude in ihrem Leben aktiv zu vermehren!

Lena Classen
Dipl.-Psychologin

„Mitten im Weltenbau steht der Mensch,
denn er ist bedeutender als alle Geschöpfe.
An Gestalt ist er zwar klein, an der Kraft
seiner Seele aber gewaltig. Er reicht bis an
die Himmelspforten heran. Der Leib hält
ihn wie die Äste des Baumes an der Erde
fest. (…)
Was nämlich der Mensch in seinem Herzen
entscheidet und dann ins Werk setzt, das
durchdringt und verändert das All. Denn
seine Seele erstreckt sich über den
gesamten Erdkreis.“
(Hildegard von Bingen)

Einführung

Unsere Spiritualität wird in Zukunft nicht mehr nur theologisch zu durchdringen sein, sondern muss dringend - mystisch wie praktisch - in Zusammenhang mit einem gesamtkosmischen Kontext gesehen werden.

Das Leben Jesu sollte in unserem eigenen Dasein, unserem eigenen täglichen Leben, praktisch umgesetzt werden und gegenüber einem lebendigen und real existierenden Gott greifbar gemacht werden.

Wir alle brauchen ein für uns verständliches Orientierungslicht für unseren eigenen Weg.

Die Rechthabereien und Streitereien unter Konfessionen und Theologen sind fehl am Platz, wenn es um lebendiges Gott-Erleben geht. Den eigenen inneren Weg zu finden ist für uns alle Menschen interessant.

Wem nützt ein theologischer Zeigefinger? Wir brauchen eine Anleitung dazu, wie das innere Leben mit Gott funktioniert. Wir benötigen genaue Richtlinien in unserem Alltag, die uns praktisch weiterhelfen.

Die Menschen wollen heute wissen, wie Sie mit Ihren persönlichen eigenen Anliegen und ihren inneren Krisen umgehen können, um daraus lernen und wachsen zu können.

Die Ahnung darum, dass es eine mächtige, göttliche Fürsorge und Größe gibt, macht uns neugierig.

Wir müssen lernen, wie wir selbst mit dieser göttlichen Größe umgehen, wenn wir diese in uns gefunden haben.

Gott als lebendiger innerer Funke in jedem von uns

Die Revolution der Hildegard-Lehre ist nicht nur das Wissen um das Zusammenspiel von Körper, Seele und Geist, sondern der Gedanke, dass Gott nicht außerhalb, sondern im Menschen selbst als ein lebendiger Funke existiert.

Ihr eigener Körper ist wie ein Haus, eine Mietwohnung, eine stoffliche Beherbergung eines göttlichen Altars, der jederzeit aufgesucht werden kann. Man spricht auch von dem Haus des Geistes.

Das ist die wichtigste Botschaft: Gott ist in jedem Menschen da, schon bevor er angerufen wird.

Das heißt, göttliche Kommunikation muss nicht nur außerhalb in eigens dafür gebauten Einrichtungen stattfinden.

Möglich, dass Sie sich in einem Gotteshaus ungestörter mit ihm unterhalten können, aber notwendig wäre es nicht.

Ob Sie wollen, oder nicht: Gott ist da, in Ihnen selbst, jederzeit „online".

Sie brauchen Gott nicht in einem für Sie räumlich entfernten Ort zu suchen, er ist immer schon vorher da.

Kommunikation mit Gott kann also in jeder Sekunde Ihres Lebens in Ihnen selbst stattfinden.

Es liegt nicht an der göttlichen Welt, eine Verbindung aufzubauen, sondern es liegt an Ihnen selbst, ob Sie das tun möchten. Es ist Ihre Entscheidung, ob Sie das zulassen möchten.

Stellen Sie sich vor, Sie haben eine Art göttlichen Telefonanschluss, und Gott ist immer an der Leitung. Es liegt nur an Ihnen den Hörer abzuheben.

Sie müssen den ersten Kontakt suchen, so ist die Spielregel. Gott als stolzer Gott will, dass der Mensch sich bei ihm meldet und seine Bereitschaft zeigt, mit ihm in Kommunikation treten zu wollen - nicht umgekehrt.

Wenn Sie Gott aus lauterem Herzen anrufen, dann wird er sich auf seine Art bei Ihnen melden.

Falls Sie diese Botschaft ernst nehmen - und annehmen können - wird diese Verbundenheit natürlich erhebliche Konsequenzen auf Ihr Leben haben.

Denn wenn Sie in ständiger Begleitung mit der geistigen göttlichen Welt sind, sind Sie nie alleine. Hildegard von Bingen spricht davon, dass Sie im Schutz Gottes stehen.

Sie haben gewissermaßen einen „Online-Vertrag" auf Lebenszeit.

Das könnte Ihnen Angst machen, tut es vielleicht zunächst auch, aber die Vorteile dieser Anbindung überwiegen.

Da Sie somit zur Gefolgschaft Gottes gehören, werden Sie zum Repräsentanten Gottes und seiner Schöpfung!

Hildegard von Bingen spricht davon, dass wir Lichtträger Gottes sind, die seinen Glanz und seine Herrlichkeit schon zu Lebzeiten hier in diese Welt bringen sollen, nur deshalb sind wir hierher gekommen.

Sie sind also ein Lampenträger, mit innerem Licht entzündet und gespeist aus dem großen kosmischen Feuer.

Wir sind noch mehr als das, nämlich direkte Vertreter Gottes in dieser Welt.

Wir sollten mit unserem Tun so handeln, als ob Gott aus uns spricht, so als ob er selbst es tun würde.

Sie sind ein Teilhaber oder „Diener" der Schöpfung, für das Gute in der Welt.

Sie können sich in Zukunft lässiger und klarer in allen Lebenslagen entscheiden, wenn Sie vorher nach dem Willen der Schöpfung oder nach dem Willen Gottes fragen.

Genau das ist unser aller Auftrag, im Sinne der göttlichen Idee zu reagieren und zu handeln! Es gibt Jugendliche, die sich täglich an diesen Auftrag erinnern. Sie tragen neonfarbige Armbänder am Handgelenk, auf denen steht: W. W. J. D. Die Abkürzung bedeutet: „What would Jesus do?" und soll in Alltagsmomenten daran erinnern, im Auftrag Christi zu denken und zu handeln.

Bald werden Sie merken, wie viel Kraft, Kampfgeist und Mut Sie dafür benötigen werden.

Der äußere Kampfplatz zwischen Gut und Böse wird zu einem aufregenden Abenteuer der inneren „Geisterunterscheidung". Erst wenn Sie in Ihrem Inneren, in Ihrer Seele, spüren, aus welchem Geist eine Situation oder ein Wort entspringt, aus welcher inneren Haltung heraus andere Menschen handeln, können Sie sich selbst schützen und vor negativen Folgen bewahren.

Wenn Sie zum Beispiel eine wichtige Entscheidung zu treffen haben, dann prüfen Sie immer, mit wem oder was Sie es zu tun haben. Fragen Sie sich, mit welcher Energie dort gehandelt wird und vor allem, ob die Dinge im Sinne Ihrer eigenen göttlichen Überzeugung laufen oder eher mit Energien, die in Ihnen Unwohlsein auslösen.

Sie müssen wissen, es gibt keine große räumliche Trennung zwischen der Geistwelt und der Erdenwelt. Hildegard von Bingen spricht lediglich von einer Nebelwand, die uns voneinander trennt.

Jeder Mensch lebt in verschiedenen Frequenzen oder Verdichtungen, die aus dem Prinzip von Ursache und Wirkung entstanden sind, und die aus unserem Bewusstseinsstand resultieren.

Jesus sprach bereits von vielen Wohnungen des Vaters, die uns nach unserem Ableben zugeteilt werden, jedem nach seinem Bewusstsein.

Ihr Verhalten, ja sogar selbst Ihr Denken, hat jederzeit eine Auswirkung in die kosmische Welt! Nichts von dem was aus Ihnen herauskommt bleibt in der Welt unbeantwortet.

Laut Hildegard sind Sie dauerhaft mit einer „Silberschnur" mit der göttlichen Welt verbunden.

Sie leben ständig in einem ehrlichen Resonanzprinzip zwischen hier und drüben.

Alles, was Sie denken, sprechen und tun, kommt auf verschiedenen Energiewellen an, und wird ebenso mit der gleichen Energie beantwortet.

Wenn Sie sich mit dem Bösen beschäftigen, wenn Sie Böses denken oder tun, besetzen Sie Ihren Geist mit dieser Energie, die sich ungeniert in Ihrem Körper ausbreiten darf, weil Sie es so gewählt haben.

Sollten Sie sich mit den guten Dingen in der Welt beschäftigen und vor allem Gutes tun, werden Sie Gutes anziehen.

Aus diesem Wirkungsmechanismus bildet sich Ihr Bewusstseinszustand und auch Ihr Wesen von ganz alleine.

Der Weg zu Gott hin besteht in einer neuen, lebensbejahenden Geisteshaltung und somit in Abwendung von Streit, Lüge, Neid etc.

Sie brauchen also keinen strafenden Gott, das erledigen Sie für sich selbst, dank des Ursache-Wirkungs-Prinzips.

Sie werden bald merken, dass Anstrengung, Ehrgeiz und Überwindung zum „Gut-sein" Ihnen bald die Luft ausgehen lässt, sofern Ihre Motivation ausschließlich aus dem Bedürfnis gespeist wird, gut dazustehen.

Die Entscheidung für das Gute soll aus reiner Freude für die Sache aus Ihrem Herzen hervortreten - nicht aus Ihrem Kopf.

Versuchen Sie, nur vor Gott gut dazustehen, nicht vor den Menschen, alles andere ergibt sich wie von selbst.

„Du sollst Gott mehr gehorchen als den Menschen."
(Bibel: Apostelgeschichte 5.29)

Das soll heißen: Ihr bester Freund und Ratgeber, auf den Sie sich verlassen können, ist Gott selbst.

Verlieben Sie sich in Gott, erkennen Sie ihn als besten Freund, und nehmen Sie den Rest der Welt als Beiwerk zum Leben.

Nur die Liebe zum Großen und zum Ganzen, die Ehrfurcht vor der göttlichen Schöpfung, lässt Sie anders werden, gibt Ihnen die Kraft sich zu verändern.

Sie werden wachsen und sich entwickeln, weil Sie es um Gottes Willen tun wollen.

Die Not und die Liebe sind die wahren Transformatoren unseres Lebens. In diesen Zeiten werden wir uns um Gott bewusst und wollen Ihn gerne anrufen.

Die Einsicht folgt bald, dass er am längeren Hebel sitzt und die für uns wahre, kluge, einzig richtige Hilfe anbieten kann.

Wenn Sie sich im Fahrwasser dieser Erkenntnis befinden, dann denken Sie an folgende Weisheiten:

Rechnen Sie immer mit der Präsenz der Engel, der guten und der bösen Geister, und vor allem mit der letzten Instanz: Gott.

Wobei der göttliche Sieg immer die absolut letzte Konsequenz bleibt - Gott siegt immer, auch wenn der letzte Ausweg der Tod sein sollte. Denn auch dieser ist göttlich und ohne Not. Das Nichtsehen der göttlichen Macht in der Welt ist eines der größten Falltore der Menschen. Wer nicht mit dem göttlichen Sieg rechnet, wird an der Zuversicht vorbeischlittern und in Verbitterung enden.

Vertrauen Sie hier und jetzt in Ihr Leben, Sie sind nicht alleine auf den Pfaden wunderbarer Ereignisse. Sie sind geführt von realen unsichtbaren Kräften, die es gut mit Ihnen meinen.

Es gibt eine übergeordnete feine Energie, die das gesamte Leben im Kosmos antreibt, den Lebenshauch in die Geschöpfe transportiert und auch wieder zurücknimmt, ohne dass wir als Menschen darauf Einfluss nehmen könnten.

Wenn der Mensch mit dieser göttlichen Energie lebt, ist er beschützt und lebt in Harmonie und Einheit.

In schwierigen Situationen ist es das Allerwichtigste, Ruhe und Freude zu bewahren, im Vertrauen darauf von guten Energien hindurchgeführt zu werden.

Sie müssen diese Sie schützende, geistliche und göttliche Welt ernst nehmen und diese um Hilfe bitten, und vor allem mit ihr freundschaftlich verbunden bleiben.

Prüfen Sie sich in allem, was Sie denken, vor allem in dem was Sie tun, und was Sie sprechen, ob es, im Sinne von Gut oder Böse, nur dem Guten in der Welt dient und zum Frieden beiträgt.

Fragen Sie sich täglich mit welchen Dingen und mit welchen Menschen Sie sich umgeben - welcher Seite oder welcher Energie gehören Sie an?

Wenden Sie sich von allem ab, was außerhalb der göttlichen Ordnung ist.

Bleiben Sie Gott und den Engeln treu, mit allem Einsatz und mit aller Energie, die Sie haben.

Hängen Sie sich in jeder schweren Situation an Gott, wie ein kleines Kind an den Rockzipfel seiner Mutter.

Rechnen Sie zu jeder Zeit mit den Engeln und Gottes Gefolgschaft, sonst können sie nichts für Sie tun.

Rechnen Sie mit der großen Kraft, die in Ihnen selbst vorhanden ist und mobilisiert werden will.

Meist fällt es einem leicht zu glauben, sofern das Leben einigermaßen gut verläuft. Aber wehe es kommen die ersten Herausforderungen herbei, dann bröckelt verständlicherweise das Grundgerüst der Hinwendung zu Gott.

Vertrauen Sie darauf, dass die Art von Erfahrungen, die leidvoll daherkommen, aus göttlicher Liebe für Sie zugelassen werden.

Sie haben die Möglichkeit Ihren weltlichen Erfahrungsschatz zu erweitern und Sie werden als kompetenter, weiser Krieger des Lichts hervorwachsen.

In schwierigen Situationen ist es, wie schon gesagt, enorm wichtig in Ruhe und Freude zu bleiben, und vor allem im Vertrauen, von guten Energien hindurch geführt zu werden.

Sehen Sie also Ihre weltlichen Herausforderungen als menschliches Training. Sehen Sie diese als Ertüchtigung für weitere Aufgaben, die kommen werden.

Es ist eine Gnade, ein Mannschaftsspieler im göttlichen „Verein" sein zu dürfen.

Vom Aufbau und Wesen der Seele

„Klage der Seele: Wo bin ich Fremdling? Im Schatten des Todes. Auf welchem Weg wandere ich? Auf dem Weg des Irrtums. Welchen Trost besitze ich? Den Trost des Pilgers in der Fremde. Ich sollte ein Zelt haben (...)"
(Hildegard von Bingen)

Die Seele ist wie ein Feuer, das den ganzen Körper durchdringt und den Menschen lebendig macht. Sie tritt mit den ersten Kindsbewegungen in den Mutterleib und in den Körper ein.

Der Körper gibt dem Geist, das heißt dem Verstand, Wohnung.

Der Verstand, der Körper und die Seele sind in einer untrennbaren Schicksalsgemeinschaft auf Lebensdauer miteinander verbunden.

Der Körper ist Medium und Resonanzfeld zugleich, und trägt die Seele im Erdendasein durch die Welt.

Die Seele bleibt stets mit ihrer Urheimat verbunden, und damit mit Gott und der geistigen Welt. Diese innere Verbundenheit gibt uns die innere Kraft zum Leben.

Die göttliche Welt ist die eigentliche Heimat des Menschen, aus der wir kommen und wieder zurückkehren. Dieses Wissen ist ein grundlegender Eckpfeiler des Glaubens.

Wer denkt, die wahre Erfüllung würde in diesem Leben stattfinden, muss gelegentlich enttäuscht werden, entweder von Menschen oder vom Schicksal, das ohne zu fragen daherkommt.

Zwischen Himmel und Erde macht die Seele Erfahrungen, wie ein Gast, der zu Besuch sein darf. Es werden gute und schlechte Erfahrungen sein.

Dennoch ist dieses Erdendasein ein Geschenk, das wir immer wieder dankbar annehmen sollten.
Aus der Auswahl der Elternschaft, die den Seelen bereits vorgegeben ist, entstehen im Vorfeld des Lebens bereits bestimmte Aufgaben, die zu meistern sind.
Gute und schlechte Erlebnisse in der Kindheit prägen ebenfalls das weitere Leben.
Die sozialen Verhältnisse und die Epigenetik, d.h. die äußeren Lebenseinflüsse, sind für die Seelenentwicklung von großer Bedeutung.
Die Hinführung zu einer lebendigen Grundspiritualität, bereits in der Kindheit, erleichtert den Weg des Glaubens.

Der Geist und die Vernunft lassen uns Dinge und Geschehnisse erfahren und begreifen; sie unterstützen uns dabei, durch das alltägliche Leben zu kommen.

Die täglichen Lebensereignisse spielen wie verschiedene Schlägel auf unserer Lebenstrommel: Sanft oder hart, laut und leise.

So entsteht eine Art biografisches Musikstück über unser eigenes, ganz individuelles Leben, an dem sich Gott und die

Engel erfreuen, da Sie so das Leben auf der Erde miterleben und mitspüren können. Sie fühlen sozusagen mit uns mit.

Mit den Emotionen und Gefühlen spüren wir die Seele feinstofflich, wobei der Körper das Resonanzfeld ist.

Noch das kleine Kind vergisst die Urheimat, hat aber immer Verbindung in die geistige Welt, über Emotionen, Blut, und Körpersäfte, also über chemische Reaktionen und Licht-Informationen.

Es bedarf einer aufmerksamen Emotionsschulung oder Gefühlsschulung, um die Seeleneindrücke über den Verstand unterscheiden zu können.

Die Seeleninformationen bekommen Sie über das, was Sie fühlen.

Unsere Sinnesorgane sind daher die wichtigsten Hilfsinstrumente unserer Seele.

Eine reichhaltige Sinnesorganschulung über Fühlen, Hören, Schmecken, Sehen und Riechen ist elementar für unser Seelenleben.

Es gibt Emotionen, die von der geistigen guten Welt begleitet und gefördert werden, und ebenso Empfindungen, die von der dämonischen Seite geführt und unterstützt werden.

Die gute Nachricht ist: Sie können in jeder Situation aufs Neue entscheiden, von welcher Seite Sie sich führen lassen wollen.

Hildegard von Bingen spricht von Stürmen, die der Seele nachstellen wollen und von teuflischen Angriffen.

Es gibt also Strömungen in dieser Welt, die böser sind als wir selbst.

Die Seele soll die Eingebungen Gottes suchen und Widerstand leisten! Sie soll zum Kämpfer des Lichtes werden, mit aller Kraft dem Bösen in der Welt widerstehen.

Die Zeugen Ihres Lebens sind die Engel, die immer zugegen sind, als treue Begleiter und Beschützer.

Allerdings lässt Gott von Zeit zu Zeit Stürme zu, damit der Mensch ihn umso eifriger anruft! Die Seele kann sich darin selbst erkunden und und somit den göttlichen Willen finden, um den es manchmal zu kämpfen gilt.

> „Mit tändelndem Spiel und Feigheit, vergibst du
> dein Seelenleben anstatt zu kämpfen!"
> *(Hildegard von Bingen)*

Es ist die Sinnlosigkeit des Lebens, die den Menschen in die Gottferne treibt. Jeder Gedanke und jede Tat, die ohne inneren Wert erfüllt wird, bleibt sinnlos. Die Dämonen versuchen die Menschen dorthin zu leiten, wo der Tag oder die Nacht in sinnlosem Dasein und Gottvergessenheit vergehen.

Hildegard spricht in diesem Zusammenhang vom Überlaufen zum Teufel, so wie es geheime Agenten tun würden.

„Viele Menschen verheimlichen ihren inneren Pestgeruch, aber es gibt auch tapfere Kämpfer vor dem Licht!"
(Hildegard von Bingen)

Predigen Sie Gott in Ihrem Leben durch Ihre Taten, lassen Sie das Göttliche durch Sie hindurch scheinen!

Die innere Kraft der Tugend ist die Gotteskraft, die uns weiterführt. Das heißt, das sind göttliche Eigenschaften, die gefördert werden sollen.

Nach Hildegard von Bingen sollen wir in unserem Leben durch unsere Taten das Göttliche predigen und hindurch scheinen lassen.

Wie weiß der Mensch, ob er gut oder tugendhaft ist, für was soll er Stärke zeigen?

Als Orientierungshilfe hat Hildegard eine Aufstellung von Tugenden hinterlassen, denen die entsprechenden Laster gegenüberstehen.

Um die Tugenden, also die froh machenden Emotionen, zu fördern, sollten Sie auch die dazu behindernden Belastungen oder Fallstricke kennen.

Die Laster werden von dämonischen Energien begleitet und gefördert.

Hüten Sie sich davor, die dämonische Existenz zu belächeln, genau das bringt Sie auf einen falschen Weg!

Sie brauchen das Wissen um das Böse, um das Gute zu behüten.

Sie benötigen beide Seiten, um Orientierung zu finden.

Den Tugenden stehen die Laster gegenüber.

Studieren Sie also beide Seiten, um das rechte Maß zwischen ihnen zu erkennen und damit ein zufriedenes Leben führen zu können.

Tabelle der Laster und Tugenden

	Krank machende Kräfte	*Heilende Kräfte*
1	Amor saeculi - Irdische Liebe	Amor caelestis - Himmlische Liebe
2	Petulantia - Ausgelassenheit	Disciplina - Disziplin
3	Joculatrix - Vergnügungssucht	Verecundia - Bescheidenheit
4	Obduratio - Unbarmherzigkeit	Misericordia - Mitgefühl
5	Ignavia - Feigheit	Divina victoria - Gottvertrauen
6	Ira - Zorn	Patientia - Geduld
7	Inepta laetitia - Zynismus	Gemitus ad deum - Sehnsucht zum Leben
8	Ingluvies ventri - Genusssucht	Abstinentia - Genügsamkeit
9	Acerbitas - Verbitterung	Vera largitas - Großherzigkeit
10	Impietas - Gottlosigkeit	Pietas - Güte
11	Fallacitas - Lüge	Veritas - Wahrheit
12	Contentio - Streitsucht	Pax - Friedfertigkeit
13	Infelicitas - Schwermut	Beatitudo - Glückseligkeit

14	Immoderatio - Maßlosigkeit	Discretio - Maßhalten
15	Perditio animarum - Seelenkälte	Salvatio animarum - Seelische Ausstrahlung
16	Superbia - Hochmut	Humilitas - Demut
17	Invidia - Neid	Caritas - Nächstenliebe
18	Inanis gloria - Ruhmsucht	Timor Domini - Verehrung der Schöpfung
19	Inoboedientia - Ungehorsam	Oboedientia - Gehorsam
20	Infidelitas - Unglaube	Fides - Glaube
21	Desperatio - Verzweiflung	Spes - Hoffnung
22	Luxuria - Ausschweifung	Castitas - Einfachheit
23	Iniustitia - Ungerechtigkeit	Iustitia - Gerechtigkeit
24	Torpor - Antriebslosigkeit	Fortitudo - Tatkraft
25	Oblivio - Gottvergessenheit	Sanctitas - Ganzheit
26	Inconstantia - Unbeständigkeit	Constantia - Beständigkeit
27	Cura terrenorum - Sorge um das Irdische	Caeleste desiderium - Urvertrauen
28	Obstinatio - Sturheit	Compunctio cordis -

		Umkehr
29	Cupiditas - Sucht	Contemptus mundi - Freiheit von Abhängigkeit
30	Discordia - Disharmonie	Concordia - Harmonie
31	Scurrilitas - Respektlosigkeit	Reverentia - Ehrfurcht
32	Vagatio - Labilität	Stabilitas - Stabilität
33	Maleficium - Beeinflussbarkeit	Verus cultus die - Gottesverehrung
34	Avaritia - Festhalten	Pura sufficientia - Loslassen
35	Tristitia - Sinnlosigkeit	Caeleste gaudium - Lebensfreude

aus: Wighard Strehlow: Die Heilkunde der Hildegard von Bingen, S. 390-391

Tugenden und Laster sind emotionale Prägungen, über die jeder Mensch als Grundausstattung verfügt.

Jeder Mensch kann jederzeit über alle Tugenden verfügen, d.h. über seelenerhellende und lebenserhebende Eigenschaften, die ihn näher zu Gott bringen. Gleichzeitig wird er durch Laster in Versuchung geführt, die seinen Lebensfluss erschweren.

Was Ihnen am Anfang helfen kann, ist eine ganz persönliche Sammlung anzulegen über das, was Ihnen in Ihrem Leben

Positives widerfahren ist, seien es Worte, Gebete, gute Gedanken, Handlungen von Mitmenschen, Gotteserfahrungen oder Wunder.

Schauen Sie ebenso zurück auf Begebenheiten, die Ihnen als negativ in Erinnerung geblieben sind. Versuchen Sie die Emotionen, die Sie während dieser Situationen gespürt haben, zu ergründen, und schreiben Sie diese ebenfalls auf.

Fragen Sie sich zum Beispiel wo bei Ihnen ganz konkret das Gefühl Angst in Aktion tritt.

Die Angst ist nach Hildegard von Bingen die Gegnerin des wahren erfüllten Lebens, die Waffe des Teufels.

„In der Welt habt Ihr Angst." *(Bibel: Johannes 16.33)*

Wann haben Sie Angst gefühlt? Zu welchem Zeitpunkt macht sich die Angst bei Ihnen bemerkbar?

Wenn Sie versuchen, sich diese Situationen zu vergegenwärtigen, werden Sie wahrscheinlich auf folgende Auslöser stoßen:

- Angst, nicht zu genügen

- Angst, Ablehnung zu erfahren

- Angst, erniedrigt zu werden

- Angst, eingeengt zu werden

- Angst vor der Ohnmacht

- Angst vor dem Alleinsein

- Angst, verlassen zu werden

- Angst vor Schande

Wenn Sie diese Ängste genauer betrachten, werden Sie feststellen, dass die Auslöser dieser Ängste fast immer von außen kommen - und nicht aus Ihnen selbst.

In der Hildegardphilosophie gehört Angst zu den Lastern.

Die Angst ist eine Emotion, die von der dämonischen Seite sogar geschürt wird.

Denken Sie immer und stets daran, die Angst kommt aus keiner göttlichen Energie!

Die Angst ist der Gegner Ihrer Stärke und somit der größte Widerstand Ihres wahren erfüllten Lebens, die mächtigste Waffe des Teufels.

Ihre Aufgabe sollte sein, die Ängste zu besiegen um Ihre Stärken zur Freude Gottes einsetzen zu können, bei sich zu bleiben, Ihre Fähigkeiten und Fertigkeiten für die gesamte Menschheit und für das große friedliche Ganze einzusetzen.

Ihre Angst verhindert, dass Sie selbst ein glückliches, freudvolles, erfülltes und seliges Leben führen können.

Wer den Eingebungen der Angst folgt, erstarrt vor seinen eigenen Fähigkeiten und lässt sich von erschreckenden Gedanken über die Zukunft lähmen.

Wie viele Menschen bleiben wie gelähmt in den Seilen hängen, weil Sie zu sehr mit Horror-Szenarien in der gedachten Zukunft hängen bleiben.

Die Tugend hierzu, um die Angst zu bändigen, ist die Tugend der Zuversicht. Sie ist die gute Vorsehung, das Vertrauen, dass der göttliche Weg siegt, dass alles gut wird.

Die Freude ist ein wichtiger wahrer Feuerlöscher der Ängstlichkeit! Ein freudiges, fröhliches Gemüt beschämt jede Jammerei.

Die Freude macht mutig, leicht und frei.

Verzichten Sie auf alles, was Ihnen bedrohlich vorkommt, was in Ihnen ein unerklärliches mulmiges Gefühl auslöst.

Bleiben Sie Angst machenden Ereignissen und Freizeitbeschäftigungen fern, denn diese nähren die schon belasteten, konstellierten Angstbereiche im Gehirn.

Suchen Sie freudvolle, Frieden stiftende Situationen, Begegnungen die Sie beflügeln, und in denen Sie sich wohl fühlen.

Die negativen Einflüsterungen des Geistes sind gespeist von angstgeladenen Inhalten. Achten Sie auf Gedanken, die Ihnen Angst machen wollen. Hildegard spricht von Luftgeistern, die den Menschen das Leben schwer machen wollen.

Stellen Sie sich das tatsächlich so vor. Den ganzen Tag sind Sie Anfeindungen und Beeinflussungen von Einflüsterungen von Luftgeistern, wie sie sagt, ausgesetzt, die Sie von Ihrem wahren Weg abhalten wollen.

Falls die Angst innerlich zu Ihnen spricht, entwickeln Sie überzeugende Gegenreden, die die Angst vom Besseren überzeugt, oder verstummen lässt.

Verfolgen Sie in Zeiten der Angst Ihre visionären Zielvorstellungen, d.h. Sie malen sich gedanklich aus, wie glücklich Sie mit Ihren neuen Ideen in die Zukunft gehen werden. Stellen Sie sich vor, Ihre Vorhaben würden immer erfolgreich enden!

Die „Einspritzungen" über mögliche Misserfolge würden Ihnen nur unnötig den Wind aus den Segeln nehmen.

Lassen Sie sich nicht von Drohungen und möglichen Schwierigkeiten, die eintreten könnten, zurückhalten.

Was würden Sie tun oder verändern, wenn Sie wüssten, dass Sie nicht scheitern würden?

Sprechen Sie sich in Ihren eigenen Worten Mut zu, vertrauen Sie unbedingt auf die positive göttliche Führung.

Betrachten Sie die verschiedenen angstvollen Gedanken, die Ihren Geist vereinnahmen wollen, und versuchen Sie immer zu unterscheiden was Sie beflügelt und was Sie lähmt.

„Gib der Angst einen Namen und sie schrumpft in sich zusammen." Realisieren Sie Ihre Angst als Angreifer.

Besänftigen sie die Angst, verhandeln Sie mit ihr, schicken Sie sie in Gottes Namen beiseite und gehen Sie in Ihrem Tempo weiter.

Verändern Sie dort Ihr Leben positiv, wo es für Sie möglich erscheint, und lassen Sie Negatives so gut wie möglich links liegen.

„Gott, gib mir die Gnade der Gelassenheit, Dinge hinzunehmen, die ich nicht ändern kann, den Mut und die Kraft, Dinge zu ändern, die ich ändern kann, und die Weisheit, das eine vom anderen zu unterscheiden."
(Theologe Reinhold Niebuhr)

Die Angst ist, wie schon vorher erwähnt, der Gegner Ihrer Stärke!

Ihr Ziel in diesem Leben sollte sein, Ihre Stärken, Ihr Können, Ihre Talente zur Schlüsselaufgabe zu machen.

Sie repräsentieren und erfreuen Gott mit dem, was Sie können und er wird Sie dabei unterstützen.

Sie werden dabei leider immer wieder im Spannungsfeld von Gut und Böse, im „Kampfplatz zwischen Gut und Böse" hin und her geschaukelt werden.

Rüsten Sie sich innerlich mit Schild und Schwert, um sich nicht von trügerischen Reden beeinflussen zu lassen. Was bedeutet Schild und Schwert? Ja, wenn es notwendig wird, müssen Sie auch einmal aufstehen und Farbe bekennen, wenn das Gute in der Welt mit Füßen getreten wird.

Bleiben Sie dabei jedoch immer bei sich, bleiben Sie sich treu, in allem was Sie tun!

Bewegen Sie sich stets auf guten Pfaden und Sie können jederzeit mit der Hilfe Gottes und seinen Engelshelfern rechnen!

Die Menschen sind in der heutigen Zeit gerade in ihrer Entscheidungsmöglichkeit für oder wider den Himmel jederzeit gefragt!

Falls Sie darüber ratlos sein sollten, was richtig oder falsch ist, gehen sie den guten Weg in Anlehnung an die Gebote Gottes und in Bewahrung seiner Größe und Würde.

Ihr großes Vorbild und eine Hilfe könnte dabei das Leben und Wirken Christi sein.

„Christus ist in die Welt gekommen, um den Menschen ein lebendiges Vorbild zu sein, damit die Menschen höhere Werte anstreben."
(Hildegard von Bingen)

Gott hat Regeln für die Menschen festgesetzt, um der wahren Erfüllung Ihres Lebens näher kommen zu können. Die Widersacher Gottes versuchen dies zu verhindern und wollen die Menschen in Not und Traurigkeit führen. Seither ist die Welt den guten und den bösen Energien ausgesetzt, so hat es uns Hildegard von Bingen mitgeteilt.

Über die Seele

„Die Seele ist für den Körper, was der Saft für den Baum ist.
Die Seele ist der innere Halt und Trägerin des Leibes.
Solange der Mensch in Seele und Leib lebt, beunruhigen
viele unsichtbare Versuchungen die Seele.

Die Seele ist die Meisterin im Haus ihres Leibes, in dem
Gott alle Wohnräume bildete, die die Seele in Besitz nehmen
sollte.

„Niemand kann die Seele sehen, wie auch die Seele Gott
nicht sieht, solange sie im Leib weilt, außer soweit man im
Glauben sieht und erkennt. Mit jedem Geschöpf, das aus
Gott hervorgegangen ist, wirkt sie im Menschen, und zwar
so, wie die Biene in ihrem Stock Waben bildet.

So soll auch der Mensch sein Werk wie eine Wabe mit dem
Wissen seiner Seele vollenden, die gleichsam fließender
Honig ist.

Und weil die Seele von Gott gesandt ist, macht sie die
Gedanken im Herzen flüssig und versammelt sie in der
Brust, von da gehen sie in den Kopf und in alle Glieder des
Menschen über.

Die Seele durchdringt die Augen, denn sie sind ihre Fenster,
durch die sie die anderen Geschöpfe erkennt.

Mit ihrer vollen Vernunft unterscheidet sie allein durch das
Wort deren Kräfte."
(Hildegard von Bingen)

„Daher vollbringt auch der Mensch jedes seiner Werke nach dem Willen seiner Gedanken, je nach seinem Bedürfnis."

„Wenn nämlich der Wind des Willens der Seele im Gehirn in Bewegung gerät, steigt er vom Gehirn in die Gedanken des Herzens hinab und so wird das Werk des Wissens vollendet. Die Seele sät in ihrem Wissen, was als Werk der Gedanken ausgeführt werden soll."

(aus „Liber divinorum operum", Hildegard von Bingen)

„Der Leib wirkt nämlich nach dem Willen seines Begehrens mit der Seele."

„Die Seele durchströmt den ganzen Leib mit Denken, Sprechen und Atmen, wie der Wind, der in einem Haus überall weht."

„Aber solange der Leib mit der Seele im Menschen wirkt, ist er an den Ort gebunden, unterliegt der Schwerkraft und kann sich nicht erheben."

„Die Seele spürt auch Gott, solange sie im Leib ist, weil sie von ihm kommt, aber solange sie in den Geschöpfen ihren Dienst tut, sieht sie Gott nicht.

Nach ihrem Heimgang wird sie erkennen, was sie selbst ist und was ihr anhing, solange sie im Leib weilte."

(Hildegard von Bingen)

Die guten Werke der Menschen werden in Freude von den Engeln betrachtet.

Wenn der Mensch ungerechte, nicht gottgewollte Werke vollbringt, dann lenkt er strafende Bedrängnis auf sich, denn der Mensch wird nach seinen Werken beurteilt.

Die Bedrängnis wird also selbst herbeigeführt, d.h. man lenkt Energien oder Elemente auf sich, die selbst in Anspruch genommen wurden oder gewählt wurden.

Also ist es wichtig, dass Sie achtsam auf Ihre eigenen Absichten und Taten achten, denn genau diese Energien kommen unweigerlich auf Sie zurück.

Die Blendwerke negativer Einflüsterungen, die nach Hildegard aus der Ecke des Negativen herbeieilen, sollen gemieden werden, um nicht dem eigenen Körper und der eigenen Seele zu schaden. Ebenso sind wir mit guten Ideen und Gedanken ausgestattet, die ebenso eingegeben werden und den Körper stärken.

„Ergreife die Eingebungen Gottes wie ein Schild, an dem die Pfeile trügerischer Täuschungen abprallen."
(Hildegard von Bingen)

Sie sollten immer wieder überprüfen, ob Ihre inneren Eingaben eher von göttlichem Licht begleitet sind, oder eher dem Bösen dienen würden. Betrachten Sie schon immer das Ergebnis, das aus Ihren Entscheidungen resultiert.

„Vertraue auf Gott, schüttle die Blendwerke des Teufels ab und suche gläubig deinen Schöpfer."
„Hüte dich den Teufel zu bejahen."
(Hildegard von Bingen)

Jede menschliche Seele sollte hier auf Erden die ihr zugedachte Aufgabe erfüllen, denn:
„Gott hat jegliches Geschöpf nach seinem Willen wunderbar ins Dasein gerufen und jedem nach seinem Willen wunderbar seine Aufgabe gesetzt."
(Hildegard von Bingen)

Von den Engeln und der Seele

„Die einen hat er der Erde und die anderen dem Himmel
zugewiesen."
(Hildegard von Bingen)

„Die Engelwesen sind zum Heile der Menschen erschaffen,
zur Ehre seines Namens. Engel erschauen mit ihrem Blick
das Innerliche des Menschen.
Ihre Flügel sind nicht wie die Flügel der Vögel, sondern ein
Sinnbild für ihre Schnelligkeit, den Willen Gottes zu
erfüllen, indem sie die Werke der Menschen sofort Gott in
sich selbst darstellen.
Sie haben den alldurchforschenden Blick und achten darauf,
die Erfüllung des göttlichen Willens im Menschen zu
fördern.
Die Erzengel können die verborgenen Ratschlüsse Gottes
schauen."
(Hildegard von Bingen)

Engel sind also Boten oder Informanten Gottes, jedoch nie
in böser Absicht.

Nach Hildegard gibt es Menschen, die sich ebenfalls wie
leuchtende Lichtgestalten im Himmel darstellen. Diese
suchen den Willen Gottes in guten Werken zu tun, deshalb
sind sie fast wie Engel. Also je lauterer der Mensch auf der

Erde wandelt, umso heller scheint er mit seiner Gestalt. Er ist dann sozusagen mehr durchlichtet und weniger verdichtet.

Wir brauchen die Kausalitäten darum nicht zu kennen, sie bleiben in diesem Leben ein Geheimnis, solange bis wir gestorben sind.

„In den seligen Geistern gibt es viele Geheimnisse, die der Mensch nicht wissen soll. Denn solange er sterblich ist, kann er das Ewige nicht vollkommen erkennen."
(Hildegard von Bingen)

Die Engel stehen immer in Verbindung mit Gott, wissen und sehen alles, und spiegeln Gott alles, was wir denken, fühlen und wie wir handeln.

Die Erlangung dieses Wissens erfordert in allem ein authentisches Leben, denn die geistige Welt ist schon vor unserer Absicht informiert. Sie werden gesehen auch wenn Sie sich verstecken sollten.

Alles was wir denken und tun bleibt somit nicht ohne Folgen.

Wir haben Verantwortung für unsere Taten und Worte, die bis hinaus in die Welt wirken, denn die Seele reicht bis in den Kosmos und weiter.

Die Seele ist also ständig mit der geistigen Welt verbunden.

Die dämonische Welt versucht mit aller Macht die Seelen, die ursprünglich göttlich sind, auf ihre Seite zu locken.

Sie versucht den Menschen über den Verstand und über irdische, menschliche Wünsche und unsere ursprünglichen Instinktprogramme (z.B. über Essen, Trinken, Sexualität) zu fesseln.

Weltliche Emotionsmuster sollen die Seele aus dem Gleichgewicht bringen und den wahren Lebensauftrag vergessen lassen.

So sind die Laster von Emotionen begleitet, Instrumente auf denen der Teufel gut zu spielen weiß. Nur das Vertrauen in das Gute und die Zuversicht auf den göttlichen Sieg können die teuflischen Eingebungen überlisten.

Der Verstand muss in jeder Hinsicht täglich auf hintergründige Einspritzungen hin kontrolliert werden.

Erst das Wissen darum, dass Gedanken nicht nur aus uns selbst kommen, sondern auch aus fremden Energien, bringt die wahre Erleuchtung. Erst wer den Feind kennt, kann ihn bekämpfen.

Achten Sie stets auf das, was Sie denken, aber glauben Sie nicht alles, was Sie denken!

Versuchen Sie den Geist zu erkennen, der die Information bringt. Beurteilen Sie dann ob Sie darauf eingehen oder nicht.

Kontrollieren Sie Ihre Gedanken!

Sie sind in letzter Konsequenz nicht das, was Sie denken, sondern das, was Sie fühlen, während Sie denken.

Achten Sie woher die Energie Ihrer Gedanken entspringt und betrachten Sie diese zunächst so, als würde diese von außen auf Sie zukommen.

Achte auf Deine Gedanken, denn sie werden zu Worten.

Achte auf Deine Worte, denn sie werden zu Handlungen.

Achte auf Deine Handlungen, denn sie werden zu Gewohnheiten.

Achte auf Deine Gewohnheiten, denn sie werden Dein Charakter.

Achte auf Deinen Charakter, denn er wird Dein Schicksal.

(Sprichwort)

Der Verstand sind Sie nicht selbst, er ist nur eines von vielen Instrumenten, auf denen Sie spielen.

Sie sind nicht das, was Sie denken. Die Gedanken kommen auf Sie zu und nicht aus Ihnen heraus!

Dieses Wissen wird Ihr ganzes Leben verändern.

Sie sind also das, was Sie fühlen! Das was Sie spüren ist für Sie selbst Ihre richtige innere Wahrheit.

Es ist schon möglich, dass andere anders fühlen, das ist für Ihre eigene Wahrheit dennoch unerheblich.

Die dämonische Welt jedoch versucht mit aller Macht, unsere Seelen, die einen göttlichen Ursprung haben, auf ihre Seite zu locken, sie über den Verstand zu beherrschen. Sie sollen immer wieder aus dem Konzept gebracht werden. Die positiven seelischen Absichten sollen damit verdrängt werden.
Fragen Sie immer innerlich nach, von welcher Seite Ihre Gedanken gespeist werden.
Was fühlen Sie dabei wirklich? Was war dabei der erste emotionale Impuls?
Stehen die Gefühle im Widerspruch zu den Gedanken, zu dem was der Verstand sagt? Es ist also wichtig, dass Sie achtsam mit Ihren eigenen Absichten und Taten ins Gericht gehen. Meiden Sie nach Kräften jegliche negativen Einflüsse, um Ihrem eigenen Körper und Ihrer eigenen Seele nicht zu schaden.
Glauben Sie unbedingt an Ihre innere Eingebung, also an Ihre Intuition oder an die Kunst der Geisterunterscheidung.

Die Frage der Geisterunterscheidung ist das wichtigste Handwerk des täglichen Glaubens.

„Da sind die zahlreichen teuflischen Nachstellungen, die die Seele anfallen und sie zu

Sünde und Verbrechen herunterziehen wollen."

„(…) obwohl sie *[die Christen]* auf teuflische
Einflüsterung das Böse tun könnten, vollziehen
sie doch durch den Hauch Gottes das Gute."
(Hildegard von Bingen)

Nach Hildegard müssen Sie täglich unterscheiden, zwischen
göttlich und nicht göttlich, bzw. in welcher Mannschaft Sie
mitspielen wollen. Welcher Mensch wollen Sie sein, welchen
Geschmack von Ihnen möchten Sie nach Ihrem Ableben
hinterlassen? Selbst erfahrene Sterbehelfer wissen, dass der
Mensch meist so stirbt wie er gelebt hat.

Wer immer mit den Wölfen heult, wird auch mit den
Wölfen sterben.

Die Welt wird bei Hildegard als Kampfplatz zwischen Gut
und Böse hingestellt, auf dem es um Leben und Tod geht,
was eher das Fortleben der Seele meint.
Der Himmel, also die positive geistige Welt, ist auch auf
Erden immerwährend präsent. Alles ist mit allem
verbunden, der Himmel und die Welt.

„So wie die Zelle im Menschen ein Ganzes wird, bist du eine Zelle in der Welt. Entweder ein Lichtbringer oder kein Lichtbringer. Die Hölle oder der Himmel ist in dir, so wie alles in allem ist. Du entscheidest was du aushauchst in diese Welt, warm oder kalt, hell oder dunkel, gut oder schlecht."
(Hildegard von Bingen)

Sie als Mensch sind hier auf Erden in der Verantwortung Gottes unterwegs - es sei denn, Sie wollen auf der anderen Seite mitkämpfen. Ihre Worte und Ihre Gedanken bringen eine Sendung in die Welt - und Sie entscheiden selbst, welche Botschaft Sie senden.

Vollziehen Sie an jedem Abend eine Rückschau über Ihren Tag:
Was ist alles passiert, was haben Sie alles getan und gesagt. Was hat der Tag in Ihnen emotional berührt? Und letztlich: Auf welcher Seite haben Sie gekämpft?

Machen Sie sich jeden Tag bewusst:
- „Die Seele in mir, bin ich!"
- „Ich bin in mir und in mir ist Gott."

- „Ich bin ein göttliches Wesen – ich bin nicht <u>von</u> dieser Welt, aber <u>in</u> dieser Welt."
- „Ich bin etwas Besonderes vor Gott, ein Abgesandter, ein Kind Gottes, Gottes Eigentum, eine Pflanze Gottes."
- „Ich spiele in der Mannschaft Gottes."

Reden Sie mit Gott! Beanspruchen Sie die kostenlose 24-Stunden-Hotline zu Ihrem göttlichen Coach.
Er ist immer da, direkt an Ihrer Seite oder in Ihnen, ein guter Kumpel.
Führen Sie ein ganz normales Gespräch mit ihm. Sie dürfen auch schimpfen, das zeigt nur, dass Sie Gott ernst nehmen.
Steigen Sie mit einem Schutzgebet in Ihr neues tägliches Leben ein!

Goldtopas-Schutzgebet am Morgen:

„Gott, der du über alles und allem verherrlicht bist, verwirf mich nicht bei deiner hohen Ehre, sondern erhalte mich, stärke mich, und gründe mich auf deinem Segen. Amen."

Mit Hilfe dieses Gebetes können Sie immer besser die Geister unterscheiden und bleiben somit im Schutz der Engel.

Der Schönheit und der Freude des Lebens begegnen

Begegnen Sie der Schönheit des Lebens, indem Sie sich selbst mehr Freude schenken, Ihren inneren Reichtum entdecken und ihn zum Vorschein bringen.

Stellen Sie sich vor, es gäbe mindestens den gleichen Anteil an Freude in Ihnen, wie Negatives. Alles Schöne, das in Ihrem Leben stattfindet, können Sie an andere Menschen weitergeben.

Doch erwarten Sie die Schönheit des Lebens nicht in der Außenwelt, suchen Sie zuerst in sich selbst danach.

Fernsehberichte, Kurznachrichten, Malerei und Konzerte - das alles sind äußere, fremde Faktoren.

Die wahre Schönheit des Lebens liegt in den inneren, nicht stofflichen Freuden, die Sie aus sich selbst entdecken und erfahren können.

Um gesund zu bleiben bedarf es der ständigen Ausleitung von alten Stoffwechselendprodukten und Fremdenergien, sowie dem Aufbau mit wertvollen Nahrungsmitteln, Sonnenlicht, frischer Luft, etc.

Nach Hildegard von Bingen sollten 70 Prozent unserer gesamten Nahrungsaufnahme aus nicht-stofflicher Materie sein.

Hören Sie schöne Musik, tanken Sie Sonnenlicht, gute Energien und wertvolle Informationen auf seelischer Ebene, tanzen und singen Sie, gehen Sie in die Natur - alles was Ihnen gut tut.

Es wäre doch eine schöne Herausforderung andere erfüllende Möglichkeiten zu finden, um Ihren inneren Hunger zu stillen. Diese Zufriedenheit strahlen Sie in die Welt hinaus und ein innerer Frieden wird Sie erfüllen.

Sie müssen daran glauben, dass die Freude und das Glück, die Sie in die Welt hinausbringen, in größerem Maß wieder auf Sie selbst zurückkommen werden.

So wie Gott großzügig ist sollten wir es auch sein. Schenken Sie Ihren Mitmenschen nicht nur Sachwerte, sondern schenken Sie emotionale Unterstützung. Schenken Sie ohne etwas zurückzuerwarten. Nach dem Gesetz des ewigen Ausgleichs kommt ohnehin alles wieder zu Ihnen zurück. Das Geben sollte nicht schwer fallen, sollte keine große Überwindung kosten, es sollte kein Gedanke der Rückforderung aufkommen.

Sie können darauf vertrauen, dass die Freude und das Glück, das Sie in die Welt hinausbringen, in noch viel größerem Maße wieder zu Ihnen zurückkommen wird.

Dieses Prinzip ist die Grundvoraussetzung der inneren Freudenvermehrung! Und ohne dieses Grundgesetz des Gebens werden Sie auch niemals Erfolg haben.

Es gibt Menschen, die überall gern gesehene Gäste sind.

Sie kommen mit einem Lächeln in den Raum, erzählen in einem gemäßigten Zeitrahmen von sich und fragen andere nach ihrem Befinden.

Sie sorgen für Gemütlichkeit, versorgen ihre Mitmenschen mit Essen und Trinken, zünden Kerzen an, sprechen in einer zurückhaltenden Lautstärke, lachen herzhaft und weinen voller Hingabe.

Sie drängen sich nicht nach vorne, sondern reagieren auf die Dynamik, die sich innerhalb einer Gruppe ergibt.

Sie antworten aufrichtig und überlegt und in ernstzunehmender Haltung, wenn sie gefragt werden. Diese Menschen bringen wertvolle Empathie und Emotionalität in den Raum, und ein warmes emotionales Verständnis.

Nun, was ist das Geschenk, das zu diesen Menschen zurückkommt?

Es ist die Achtung und Aufmerksamkeit, man hört ihren dosierten Worten erwartungsvoll zu.

Stellen Sie sich vor, Sie werfen den Ball der Freude in eine Runde von Menschen, und alle spielten diesen Ball zurück.

Der größte Freudenbringer ist ein Mensch, der - wissend um alle menschlichen Nöte und Ängste - liebende Geselligkeit und Fröhlichkeit hervorbringt.

Hildegard von Bingen sagte: „Wenn es dir schlecht ergeht, so suche nach einem Menschen, dem es schlechter geht als dir, bleibe eine Zeit bei ihm, um zu erkennen, wo du stehst. Sollte es dir immer noch schlecht ergehen, so musst du weiter suchen nach einem Menschen, dem es noch schlechter ergeht als dem vorherigen."

Tun Sie das so lange, bis Sie in Dankbarkeit nach Hause gehen können.

Bringen Sie den Menschen Freude mit den Talenten, die Gott Ihnen geschenkt hat z.B. mit einer eigenen Zeichnung, mit einem Gedicht, mit einem selbst gebundenen Strauß aus dem Garten.

Lassen Sie sich täglich etwas einfallen, um Freude zu verströmen. Die Freude ist das beste Mittel gegen dunkle Energien, die jeder Seele schaden.

Zufriedenheit finden

Die Zufriedenheit ist, so wie die Freude, eine herausragende Tugend, ein Wunschgedanke der Seele.

Zufriedenheit kennt keinen Neid, da sie alles hat, was sie braucht.

Zufriedenheit gönnt allen alles und sieht keinen Bedarf an weiteren Dingen, die eigentlich nicht gebraucht werden. Das soll nicht heißen, dass Sie sich nichts gönnen dürfen.

Die Zufriedenheit strahlt Ruhe, Gleichmut und Frieden aus und befreit Sie vom Konkurrenzdenken.

Zufriedenheit arbeitet direkt auf den Frieden hin.

Fragen Sie sich was Sie brauchen, um Frieden zu spüren. Was müssten Sie mehr haben, um weniger Neid zu empfinden?

Wo fühlen Sie sich wohl? Wo können Sie sein wie Sie sind?

Wann müssen Sie nichts kaufen oder leisten?

Wo spüren Sie das Gefühl des „Bleibenwollens", des „Getragenseins"?

Wo empfinden Sie innere Ruhe, wo und wann sind Sie innerlich satt?

Wenn Zufriedenheit fehlt, kommt der Mensch in Unruhe und Umtriebigkeit. Das Glück wird im Außen gesucht.

Der Blick fällt auf die Mitmenschen und lässt Vergleiche zu.

Der Vergleich ist wie Benzin auf das wohlige Lagerfeuer der Zufriedenheit, birgt also die Gefahr, die Unzufriedenheit zu fördern.

Wenn Sie anfangen, bei anderen Menschen nach besseren Eigenschaften zu suchen, werden Sie diese immer finden!

Jeder Mensch besitzt immer eine Tugend, die besser ist als die Ihrige.

Fragen Sie sich, was hat der andere, was Sie neidvoll macht? Was macht es für Ihr Leben aus, dass Sie diese Eigenschaft nicht bei Ihnen selbst erkennen können? Brauchen Sie diese Eigenschaft, oder können Sie darauf verzichten? Würden Sie mit dieser Eigenschaft weiterkommen?

Sie können leicht feststellen, wonach Sie in Ihrem Leben noch suchen, um glücklicher zu sein.

Falls Sie sich aber ständig mit Ihren Defiziten beschäftigen, bleiben Sie der Verlierer, und der Teufel spielt mit.

Besonders Ihre körperlichen Merkmale sind schwer zu verändern, deswegen vergleichen Sie diese erst gar nicht!

Also fragen Sie nicht: Wer hat längere oder kürzere Beine, oder wer ist dicker oder dünner - all diese Vergleiche bringen nur Verdruss.

Die Dämonen freuen sich, wenn Sie sich mit Dingen plagen, die Sie nicht verändern können.

Eine Tugend, die Ihre Zufriedenheit unterstützt und verstärkt, ist die Dankbarkeit.

Danken Sie Gott jeden Tag für alles, besonders vor dem Einschlafen. Drängen Sie damit die Anfeindungen, die Sie stören, mit aller Entschlossenheit zurück.

Danken Sie so lange, bis Sie tief eingeschlafen sind.

Fragen Sie sich, wie Sie sich selbst etwas gönnen können, damit Sie mehr Dankes-Material haben.

Dankbarkeit macht zufrieden!

Wenn Sie es schaffen dankbar und zufrieden zu sein, werden Sie sich auch mehr am Glück anderer erfreuen.

Wenn Sie Frieden suchen, fragen Sie sich, wer oder was Ihren Frieden bedroht.

Führen Sie eine Liste darüber, wer oder was Sie heute in Angst oder Unruhe versetzt hat.

Hildegard sagte: „Gehe um den Teufel herum, statt mit ihm zu kämpfen."

Versuchen Sie also, die äußeren Unruheherde und Angstfelder aus Ihrem Alltag zu reduzieren, indem Sie sich ihnen möglichst oft entziehen.

In Ihrer Freizeit sollten Sie jegliche Angstquellen vermeiden, denn Angst ist der größte Energieräuber. Tun Sie Dinge, die Sie mit Freude statt mit Angst und Unbehagen erfüllen.

Überfordern Sie sich nicht, denn Überforderung macht Angst und bringt Verzweiflung.

Streben Sie in Ihrer freien Zeit nach dem rechten Maß und nach Zufriedenheit.

Trauen Sie Ihrem inneren Frieden und Freudengefühl - und Sie liegen immer richtig.

Ihre Emotionen zeigen Ihnen immer wo es lang geht.

Seien Sie ehrlich mit sich selbst und schauen Sie genau dorthin, wo Ihre Sehnsucht liegt, sie zeigt Ihnen den richtigen Weg.

Falls Sie ein bestimmtes Instrument lernen möchten, einfach weil Sie den Klang lieben, spielen Sie es, auch wenn Sie wissen, dass Sie es nicht mehr zum Profimusiker schaffen.

Es kommt nur darauf an, ob Sie dieses Instrument innerlich erfüllt. Sie werden immer einen Menschen finden, den Sie damit erfreuen können.

Wo gibt es etwas zu lachen und wo gibt es im sprichwörtlichen Sinn nichts zu lachen?

Begeben Sie sich dorthin, wo Sie herzhaft lachen können, oder wo Sie auch weinen dürfen, wenn es sein muss.

Die meisten Freunde gewinnen Sie, wenn Sie selbst über sich lachen können. Sie setzen damit die hohen Erwartungen der anderen deutlich herunter.

Menschen, die herzhaft über ihre eigenen Fehler oder Fehltritte lachen können, sind heilbringend und heilsam.

Ihre eigene Lockerheit mit sich selbst erleichtert es allen anderen, ebenfalls lässig und authentisch zu sein und es kann Liebe und Entspannung durch den Raum fließen.

„Sei so blöd wie du bist, und du bist du der Beste" ist eine Redewendung, die zu einer gesunden Selbsteinschätzung beiträgt. Die Aussage impliziert sofort, dass auch Unvollkommenheit ein Teil Ihres Selbst sein darf. Sie wissen um Ihre Fehler bescheid und können sich auch damit weiterentwickeln.

Erfüllte freie Abende mit lautem Gelächter finden dort statt, wo jeder versucht seine dümmsten, schlimmsten Selbsterfahrungen noch dümmer darzustellen.

Ehrliche Selbsterkenntnis bringt Nähe und Verständnis und vertreibt sofort den Hochmut aller Beteiligten.

Beim Lachen ist jedoch stets zu fragen: Gibt es wirklich etwas zu lachen oder lachen wir jemanden aus.

Auslachen, also das hämische Lächeln, ist eine Emotion des Teufels.

Auch lautes, unmotiviertes Darstellungslachen weist auf negative Energien hin.

Jemanden zu belächeln ist hochmütig und besserwisserisch.

Umgehen Sie diese negativen Energien und wechseln Sie zu anlachen und zulächeln.

Wenn Sie auf Freude und Zufriedenheit hinstreben, dann fragen Sie sich, wo und wann fühlen Sie sich behütet?

Wo fühlen Sie sich umarmt? Wo möchten Sie umarmen?

Wer lässt sich gerne von Ihnen umarmen?

Wenn Sie niemanden mehr umarmen dürfen, verarmen Sie innerlich.

Wenn Sie keiner umarmen will, dann tun Sie es einfach!

Umarmen Sie mit Leidenschaft und Hingabe!

Genießen Sie die Sekunden der Seelenberührungen.

Halten Sie den Menschen die Hand und fühlen Sie deren Seele.

„Schaue den Menschen in das Tor der Seele, in die Augen, und du darfst kurz in die ewige Heimat blicken."
(Hildegard von Bingen)

Wenn Sie anderen etwas Gutes tun möchten: Loben Sie!

Verwenden Sie dabei Wörter wie beispielsweise wunderbar, fabelhaft, einzigartig, entzückend, hervorragend, glückbringend - das sind Worte, die die Seele erfreuen und stützen.

Machen Sie sich eine Liste von diesen Wörtern und benutzen Sie diese täglich.

Beschreiben Sie Dinge in einer bildhaften, glückbringenden Sprache. Werden Sie dadurch selbst zum Poeten!

Stellen Sie sich vor, unsere Abendnachrichten würden von positiven und begeisternden Inhalten erfüllt. Nicht auszudenken, was dann passieren könnte!

Suchen Sie emotional anhebende Lebenssituationen, denn damit können Sie Ihre eigene Verfassung beeinflussen. Geben Sie unnötigen unschönen Gewohnheiten und Gegenständen keinen Platz in Ihrem neuen Bewusstsein.

Welche schönen Dinge umgeben Sie? Denken Sie darüber nach, welche erhebende Orte Sie kennen, zum Beispiel Gebetsorte oder Orte in der Natur.

Ehren Sie Gott oder spiegeln Sie die Schönheit Gottes mit Dingen, die Sie umgeben und seien Sie selbst ein Modell Gottes.

Machen Sie sich schön, tragen Sie Kleidung, die Ihrer inneren Göttlichkeit entspricht. Pflegen Sie Ihren Körper und schenken Sie ihm eine gesunde Lebensweise.

Fragen Sie sich: „Spiegelt das, was ich tue und wie ich es tue Gott wieder?"

Fragen Sie sich einmal, ob Gott mit zerzausten, fettigen Haaren, mit zerschlissenen Hosen oder fauligen Zähnen seine Schöpfung zeigt. Allein die Schönheit in der Natur beantwortet diese Frage.

Seien Sie ein würdiger Würdenträger Gottes, der seine innere göttliche Wahrhaftigkeit und seinen inneren göttlichen Ernst ausstrahlt, mit Freude und Zufriedenheit.

Sei der du bist, und gib das Gute, das du hast.

Schön ist es, dass jeder etwas geben kann, da jeder Mensch das Gute in sich trägt.

Hildegard von Bingen war der Überzeugung, dass jeder Mensch aus sich heraus gut ist, und seine Strahlkraft und Fähigkeiten nur dadurch reduziert werden, dass er das Böse in sich hineinlässt und sich zu viel mit Negativem beschäftigt.

In jedem Menschen stecken viele Fähigkeiten und Weisheiten, die er aus den göttlichen Bereichen mitgebracht hat. Das sind edle Tugenden, die durch teuflische Verführungen umnebelt, und durch viele Laster verdrängt werden.

Missachten Sie das Dunkle in sich nicht. Beobachten Sie Ihre dunklen Seiten, und versuchen Sie sie zunächst zu akzeptieren.

Erst das Bewusstwerden um die Schwächen lässt Sie das Gute erkennen und lässt Sie wissen, was Sie in Ihrem Leben brauchen.

Behandeln Sie Ihren Schatten wie ein wildes Tier, das Sie zähmen wollen.

Machen Sie die Türen und die Fenster in Ihrem inneren Haus auf, um Gutes in die Welt strömen zu lassen und das Beste eintreten zu lassen.

Seien Sie sich bewusst, dass Sie niemals vollkommen sein werden, dass aber Entwicklung immer möglich ist.

Das Leben und die Umstände ändern sich. Was uns gestern wichtig war kann uns heute nur ein müdes Lächeln abringen und was heute wichtig ist, wird morgen selbstverständlich sein.

Schauen Sie sich immer im Jetzt an, mit all Ihren aktuellen Wünschen, Belastungen und Visionen.

Versuchen Sie sich aus den Gegebenheiten von heute eine gute Zukunft zu zaubern.

Vergeben Sie sich Ihre Schwachpunkte und bauen Sie Ihre Stärken aus, immer mit Blick auf das Göttliche und Achtsamkeit vor dem nicht Notwendigen.

Auch wenn Sie einen schweren Pflug hinter dem Ochsen halten müssen, wie man früher sagte, d.h. auch wenn Sie ein schweres Schicksal ertragen müssen, schauen Sie nicht nur nach unten, sondern immer mit freiem Blick nach oben zu Gott.

Bleiben Sie der, der Sie sind, Gott kennt Sie und Ihre Möglichkeiten. Er kennt die Größe Ihres Pfluges und die Kraft Ihres Ochsen.

Gott wird von Ihnen niemals mehr verlangen, als Sie geben können. Überfordern Sie sich nicht, aber tun Sie was Sie tun können - und tun Sie es im Sinne und mit der Würde Gottes.

Was Sie zu leisten vermögen: Geben Sie es der Welt. Es kommt zurück in irgendeiner Form.

Wenn auf Ihren Schultern Schweres lastet, können Sie nicht noch mehr tragen. Aber geben Sie reichlich von Ihrem Können und Ihrer Kraft, damit Sie die Hände frei haben, auch zu empfangen.

Doch wie das rechte Maß finden? Optimal ist es, so viel zu geben, dass aus kurzfristigem Mangel an etwas Freude entsteht.

Wenn du wenig zu Essen hast, so bringt dir das große Freude am Essen.

Wenn du wenig sprechen kannst, bringt dir das Bewusstheit beim Reden.

Wenn du wenig Besitz hast, bringt dir das Freude an dem, was du hast.

Wenn du wenige Freunde hast, schätzt du diejenigen, die für Dich da sind.

Was gibt es mehr!

Freude und Dankbarkeit erfüllen mich.

Ohne schlechtes Gewissen und Sorgen Ruhe und Zufriedenheit erleben.

Ich genieße alles ganz bewusst,

gebe mich der Langsamkeit hin.

Entspannt fühle ich meinen wohligen Körper.

Innerlich fließt leise mein Leben.

Ich freue mich über meine Gelassenheit und Ausgeglichenheit.

Die Nachdenklichkeit und Stille bringen mich zum Staunen.

Alles ist gut.

(Gedicht einer Fastengruppe)

Das größte Energieressort der Freude ist die göttliche Energie selbst. Nutzen Sie diese Energie! Sie finden sie meist im aufrichtigen Zusammensein mit lieben Menschen, in ehrlichen Gesprächen, bei gemeinsamen Gesang oder Gebeten.

Schaffen Sie sich einen stetigen Zugang dazu.

So wie Sie mit dem Handy einen Anbieter brauchen, ist Gott Ihre Quelle - und Sie sind der Kunde. Das Beste daran ist: Gott erhöht keine Tarife - und er ist immer für Sie da.

Die „göttliche Cloud" die Sie benutzen ist dauernd grenzenlos für Sie da.

Das Gute daran ist, dass dies kaum etwas kostet, nur den Willen und die Absicht Kommunikation mit Gott zu halten.

Es ist nicht schwierig diese Energie zu finden und den Anschluss zu bekommen.

Bitten Sie im Gebet immer wieder um diese göttliche Kommunikation.

„Bittet, so wird euch gegeben." *(Bibel: Matthäus 7.7)*

Es ist allein die Entscheidung Gottes, ob er Ihnen Zugang gewährt oder nicht.

Ob Sie an Gottes Kraft, seinem Interesse, seiner Aufmerksamkeit teilhaben, ob Sie den Kontakt mit der geistigen Welt aufrechterhalten, das liegt vor allem in Ihrer Hand. So wie jeder Arztbesuch, jede Therapie einen ersten Schritt von Ihnen erfordert.

Sollten Sie fest davon überzeugt sein, ohne Gott in der Welt voran zu kommen, so werden Sie nach den Angaben Hildegard von Bingens aus dem Schutz der Engel entlassen. Aber Sie selbst haben die Wahl.

Wenn Sie Gott und seine Gegenwart leugnen, werden Sie nach eigener freier Wahl aus dem Schutz der Engel entlassen. Sie müssen dann ohne die Hilfe von dort zurechtkommen.

Die Erde - ein Kampfplatz zwischen Gut und Böse

Nach Hildegard von Bingen können Sie davon ausgehen, auf dieser Erde auf einem Kampfplatz zwischen Gut und Böse zu taktieren.

Es gibt also mindestens zwei übergeordnete Energien, die einander gegenüberstehen. Es gibt die Energie, die auf die Zerstörung dieser Welt abzielt, auf die Vernichtung des Friedens, eine Energie der wirklichen Gottlosigkeit.

Auf der anderen Seite präsentiert sich die machtvolle Energie Gottes, die den Menschen Heil bringen will.

Nach der göttlichen Absicht sollen die Menschen ein harmonisches, freudiges und friedvolles Leben führen.

Ursprünglich gab es eine von Gott geschaffene Engelwelt in ruhmvoller Herrlichkeit und strahlendem Glanz. Der erste Engel der geschaffen wurde hatte den Namen Luzifer. Er wurde mit seiner ganzen Heerschar mit Ruhm, Glanz und mit allen Auszeichnungen überhäuft. Als diese Engel ihren Glanz und ihre Macht erkannten, wollten sie sich Gott nicht unterordnen und widersetzten sich ihm und verachteten ihn. Gott verstieß diese Engel darauf hin zusammen mit Luzifer an einen lichtlosen Ort.

Sie wurden laut Hildegard schrecklicher als die Schrecklichen und wurden dort in eine solche Ohnmacht zurückgeworfen, dass sie dort keinem Geschöpf etwas antun könnten, es sei denn, sagt Hildegard, es würde Ihnen von Ihrem Schöpfer erlaubt (vgl. Hildegard von Bingen: Liber divinorum operum, Vision 1).

In Anzweiflung und Lächerlichmachung der Größe Gottes wurde Luzifer von Gott also verstoßen.

Die von Luzifer verschmähte, lichtvolle Energie Gottes sollte nicht verschwendet sein und so ist sie in jedem menschlichen beseelten Körper, der auf diese Erde kommt, als Licht eingesetzt. Somit besitzen wir einen Teil des Lichtes Gottes, welches den Engeln genommen wurde, in uns. Wir haben eine Vorschuss-Energie von Gott geschenkt in menschlicher Hülle.

Dies ist eine der wichtigsten Informationen dieses Buches!

Wir alle kommen also als ein kleines Licht auf die Welt, mit einer göttlichen Energie, sozusagen als kleiner Dauerbrenner.

Sie haben einen lichtvollen Informationsträger oder einen Chip Gottes in sich. Mit diesem Chip sind Sie dauernd und überall mit Gott verbunden.

Hildegard spricht von einer Silberschnur, einer Lichtschnur, die mit dem ganzen Weltall verbunden ist. Da alle Menschen auf diese Weise mit dem Kosmos verbunden sind, leben wir alle untrennbar als göttliche Lichtträger in einer Schicksalsgemeinschaft.

Alle Ihre Handlungen haben somit weltumgreifende Konsequenzen. Umgekehrt bekommen Sie über Ihr eigenes Licht permanent Informationen aus dem gesamten Kosmos.

Sie bekommen wichtige Lebensinformationen aus sich selbst, aus Ihrem Seelenpotential, aus Ihrem eigenen Licht, das aus der gesamten kosmischen Welt entspringt.

Wenn Sie so wollen, leben Sie in einem riesigen Verbund von Lichtenergie und sind immerwährend direkt mit dem göttlichen Informationsfluss verbunden.

Ob Sie an diesem göttlichen Informationsfluss teilhaben möchten, entscheiden Sie selbst, indem Sie Verbindung mit Gott aufnehmen. Gott drängt sich nicht auf. Falls Sie gewillt sind, von dieser Zapfsäule Gottes zu profitieren, so müssen Sie dort anfragen.

Ein Gebet, das Sie mit Ihren eigenen Worten formulieren, so als ob Sie mit einem guten Freund sprechen, bringt Sie Gott und Ihrem inneren Licht näher.

Wie antwortet Gott?

Emotionen, die Sie empfinden, sind Energien in denen sich Gott in Ihnen ausdrücken kann. Worte und Begebenheiten, die Sie tief emotional ergreifen, können starke Verbindungen mit Gott herstellen. Fühlen und Spüren sind die Sprache Gottes.

Emotionale Empfindungen entstehen durch die Vielfalt von Eindrücken, die über Ihre Sinnesorgane von außen nach innen transportiert und dann verarbeitet werden.

Die Sinnesorgane nehmen Eindrücke durch Sehen, Hören, Schmecken, Riechen, Tasten und Fühlen auf und geben sie weiter ans Gehirn.

Stellen Sie sich vor, Sie bedienen eine Saftpresse. Sie geben Äpfel und Bananen oder auch Ingwer hinein. Je nachdem was Sie hinzugeben, kommen unterschiedliche Geschmacksrichtungen heraus, sowie verschiedene Farben und Konsistenzen.

So ist es auch in Ihrem Leben. Sie erleben viele Momente und Situationen und Ihre Sinnesorgane erleben einen bestimmten Emotionscocktail.

Je häufiger sich bestimmte Gefühle wiederholen, umso tiefer prägen sich Emotionsmuster ein, die in bestimmten dafür entsprechenden Organen gespeichert werden.

Wenn die Emotion Traurigkeit oft als Emotion gespeichert wird, wird sich das auf die Lunge auswirken, während das

Gefühl des des Zorns mit der Leber und der Gallenblase verbunden ist.

Diese körperlich emotionalen Zusammenhänge wurden schon von Hildegard von Bingen beschrieben.

In Ihren Schriften führt sie Kräuter und Elixiere auf, die für die Stärkung der belasteten Organe eingesetzt werden können. Mit Hilfe dieser Elixiere können gestörte emotionale Empfindungen reguliert werden.

Im Kindesalter, wenn noch viele Sinneseindrücke und Emotionsfelder neu erfahren werden, prägen sich bestimmte wiederkehrende emotionale Erlebnisse stärker ein und haben im weiteren Leben daher viel Gewicht und Einfluss.

Nach Hildegard ist bereits die Situation der Zeugung und der Verlauf der Schwangerschaft, sowie die Liebe der Eltern zueinander für die Gesundheit eines Menschen entscheidend.

Eine liebevolle Zeugung gibt dem kommenden Menschen Gesundheit, Kraft und Stärke.

Die Reinheit des Seelenprofils und die Freiheit von Belastungen ist von der Liebe der Eltern zueinander abhängig.

Ihnen leuchtet ein, wie wichtig eine emotional harmonische Schwangerschaft ist.

Beruflicher Stress, Zeugungsstress und Freizeithektik sollten in der Schwangerschaft keinen Platz haben.

In vielen Kulturen bereiten sich Eltern schon lange vorher durch Kräftigung des Körpers und des Geistes auf die Zeugung und auf die kommende Schwangerschaft vor.

Negative Erfahrungen der Mutter werden als erste Emotionen vom Kind erfahren und gespeichert.

Wir sind also schon geprägt, wenn wir aus dem Mutterleib schlüpfen.

Unser Lebensplan mit Gott wird davon ebenfalls beeinflusst.

Emotionen als Handicaps für das kommende Leben bleiben nicht alleine, neue kommen dazu.

Mit der Zeit gibt es emotionale Wiederholungssequenzen, die sich ähneln und als vertraute Emotionen gespeichert und erinnert werden können.

Diese gefühlten Eindrücke laufen nach Hildegard von Bingen von den Sinnesorganen zu unseren Nervenbahnen in den Nerven-Spinalkanal und über weitere Nervenbahnen zu den Organen. Sie werden dort registriert und laufen wieder zurück zum Gehirn, wo sie immerfort abrufbar sind.

Das emotionale Fühlen und Spüren findet also in unseren Organen statt, sowie in den dazugehörigen bindegewebigen Segmenten.

Das Gefühl der Traurigkeit wird von der Lungenenergie repräsentiert. Gleichsam wohnt die Freude im Herz, die innere Kraft in der Milz, der Lebensdrang in der Leber.

Es gibt zu jeder Aktion eine Emotion. Also kein Leben ohne Emotion!

Die Empfindungen können gestört sein, wenn der Körper als Resonanzfeld nicht adäquat reagieren kann, wenn er krank oder verschlackt ist.

Wenn der stoffliche Körper nicht gesund ist, reagiert er emotional nicht in normalen Bereichen.

Ein Körper, der mit alten Ablagerungen gefüllt oder mit Medikamenten belastet ist, reagiert anders als ein durchlichteter, sauberer, klarer Körper.

Ein wesentlicher Bestandteil der Hildegard-Heilkunde ist die Ausleitung von krankmachenden alten Schlackenstoffen. Ein verschmutztes Resonanzfeld lässt die Seele nicht klingen und entfalten.

Die Seele freut sich, wenn der Körper gesund ist, und leidet, wenn er krank und belastet ist.

Umgekehrt ist es nach Hildegard möglich, den Körper mit belastenden Emotionen zu schädigen.

Der Zorn bringt beispielsweise schwarze Galle ins Blut und somit in den gesamten Organismus. Von dieser schwarzen Galle leben sämtliche Erreger, wie Bakterien, Viren und Parasiten.

Vor allem werden die Sinne davon getrübt, was die Seele wiederum belastet. Machen Sie sich klar, dass Sie Ihr wahres Potential nur in einem gesunden, freien Körper besser verwirklichen können.

Wenden Sie sich also dem Guten zu. Ist unser Handeln und Denken im bösen Bereich, so öffnen wir den Dämonen die Haustür.

Will der Mensch dem Bösen folgen, so hat der Teufel eine Berechtigung auf das Pferd mit aufzusteigen. Die böse Absicht lockt die dunklen Mächte heran.

Das Wissen um unsere eigenen Emotionen ist entscheidend bei allen unseren Lebensentscheidungen.

Böser Fahrtwind von außen oder aus uns selbst kommend bringt uns leicht auf schlechte Bahnen.

Über die Hinwendung zum Göttlichen

Unsere emotionalen Erfahrungen prägen weitgehend unser Handeln.

Wir müssen die ganze Vielfalt an Emotionen am eigenen Leibe erfahren, weil dieser emotionale Erfahrungsspeicher die Voraussetzung für unsere Vorstellungskraft ist.

Der Mensch denkt in Bildern und Emotionen. Sie können in Ihrer Phantasie nur das abrufen, was schon gesehen und gefühlt wurde.

Falls ein Mensch vor allem leidbringende, angstvolle oder traurige emotionale Erfahrungen gemacht hat, so wird seine Vorstellungskraft eher pessimistisch geprägt sein.

Positive, freudvolle und friedvolle Erinnerungen lassen Menschen positiver denken und dann auch handeln.

Es ist daher wichtig für einen ausreichend großen freudvollen Input zu sorgen, damit eine positive Vision des eigenen Lebens überhaupt möglich sein kann.

Die Hinwendung zum Göttlichen ermöglicht Ihnen eine stabile Erfahrung von Geborgenheit, Vorsehung und Hoffnung, während jede Hinwendung zum Bösen erfahrungsgemäß nur Abstieg bringen kann. In aller Regel folgen hierauf bittere Erfahrungen, die man als Mensch durchlaufen muss, um später Gut und Böse unterscheiden zu können.

Doch je früher Sie sich der lichtvollen Welt zuwenden, umso mehr positive Emotionsergebnisse werden folgen!

Nach Hildegard freut sich die teuflische Seite, wenn wir uns für ihren Weg entscheiden, und gibt dafür noch reichlich Unterstützung.

Fragen Sie sich bei jeder Entscheidung, bei allem was Sie tun: Ist dies der göttliche Weg? Oder: What would Jesus do? – Was würde Jesus tun?

Wie würden Sie entscheiden, wenn Gott neben Ihnen stünde?

Die Vorstellungskraft, der Wille und die Emotion bestimmen die Tat.

Die Stärke Ihrer guten Absicht entscheidet, welcher Seite Sie angehören.

„So wie Vater und Mutter dem Kinde Antwort geben, wenn es sie nach etwas fragt, ebenso auch verhilft der Heilige Geist dem menschlichen Wissen zu jeglicher Kunst, wenn ein Mensch nach eigener Wahl und aus eigenem Verlangen und durch Arbeit sie erlernen will.

Wendet sich aber ein Mensch zu etwas Schlechtem und zu einer bösen Kunst und verlangt diese zu erlernen, dann bläst der Teufel der dies bemerkt,

des Menschen Wissen mit seiner Verkehrtheit und seiner List an, damit er das Böse, was er erlernen will, schnell erlernt."
(Hildegard von Bingen: Ursachen und Behandlungen)

Die Negativität untergräbt die wahre aufmerksame Zugehörigkeit zum Leben und zur Welt. Sie nimmt Ihnen, was wirklich zu Ihnen gehört.

Erst die Hinwendung zur Lichthaftigkeit der Seele schafft wahre Lebenskraft.

Nehmen Sie sich jeden Tag etwas Zeit, um in den Armen Gottes zu ruhen. Legen Sie ihr Vertrauen und ihre Zukunft in seine Hände.

Öffnen Sie Gott die Tür, damit er in Ihr inneres Heiligtum eintreten kann!

Lassen Sie Gottes Liebe zu, so wie Sie es sich von einer liebenden fürsorglichen Mutter wünschten und das Gefühl von Ewigkeit zieht bei Ihnen ein. Sie werden innerlich groß, leicht und frei. Wenn Sie wissen, dass Gott mit Ihnen ist, dann gibt es keine Sorgen, Probleme und Ängste.

Glaube an den göttlichen Sieg

Eine bei Hildegard beschriebene Tugend ist der Glaube an den göttlichen Sieg.

Wenn Sie an den göttlichen Sieg glauben, wissen Sie immer, dass Gott der Größte über allem ist. Der göttliche Sieg ist das, was sie auf Ihrem Weg im steten Vertrauen auf Gott erreicht haben.

Auf dem Weg zum Ziel darf ruhig einmal kurz gezweifelt werden, aber der Glaube daran, dass alles gut wird, wird Ihnen dabei helfen weiterzugehen.

Oftmals tun sich dann Wege und Möglichkeiten auf, mit denen Sie im Voraus nicht gerechnet haben und eine wundersame Wandlung trägt Sie weiter.

Denken Sie an die Redewendung: „Gott gibt dir nur das, was du zu tragen vermagst."

Gott kennt Sie ganz genau und lässt Sie durchaus durch schwierige Situationen gehen, weil er weiß, wie gut Sie Ihre Aufgabe meistern können.

In Demut können Sie sich auf Gott stützen. Gott verlässt Sie nicht. Es werden bessere Tage kommen.

Früher sagte man: „Wenn du einen schweren Pflug in der Hand hältst, dann führe ihn immer mit dem Blick zum Himmel." oder „Mit Gott im Rücken kann man sich tief bücken.".

Lassen Sie in schwierigen Situationen den Kopf nicht hängen und schauen Sie immer aufrecht nach oben. Es wird immer Hilfe kommen.

Wenn Sie darauf vertrauen, dass Sie siegen können, strahlen Sie eine Energie der Hoffnung und Zuversicht aus, die auf andere Menschen so stark wirkt, dass eine Art positiver Motor anspringt, und das Blatt sich für viele ebenfalls wenden kann.

Wenn Sie an den göttlichen Sieg glauben, können Sie mit allem furchtlos beginnen.

Mit göttlichem Rückenwind und Redlichkeit wandeln Sie nicht alleine, sondern mit Gott zusammen zum Sieg.

Aber durch was erreichen Sie den göttlichen Sieg?

In erster Linie durch Zufriedenheit, die nach Hildegard von Bingen die größte und schönste Tugend ist.

Die Zufriedenheit kennt keinen Neid, denn sie hat alles.

Sie freut sich an den Dingen anderer, denn sie hat sie schon, oder braucht sie nicht.

Die Zufriedenheit gönnt allen alles, strahlt Ruhe und innere Gelassenheit und Freude aus. Sie arbeitet in jeder Hinsicht auf den Frieden hin und schafft Gleichmut.

Also glauben Sie an Ihren Gleichmut und an Ihre innere Freude.

Glauben Sie zuerst an die Freundschaft mit Gott, und tragen Sie dann Ihren göttlichen Funken in die Welt, auch wenn es manchmal scheint, als würde Ihr Licht dem Sturm nicht standhalten oder ersticken.

Der göttliche Sieg ist errungen, wenn Sie es schaffen, Ihr Licht welches Ihnen mit Ihrer Geburt geschenkt wurde, auf den Scheffel zu stellen, leuchten zu lassen und anderen zu helfen das Gleiche zu tun.

Seien sie verliebt in das Göttliche in Ihnen.

Lernen Sie das Gute als Potential in Ihnen kennen. Registrieren Sie Ihre Schatten.

Stellen Sie sich als eine Idee Gottes dar, als etwas Großes, Würdiges, Schönes, Edles, wie ein Kunstwerk, das man gerne betrachtet.

Fragen Sie sich in jeder Lebenssituation, ob Sie dort auch edel, schön und würdig erscheinen.

Stellen Sie sich vor, Sie seien eine Königin oder ein König, die oder der würdevoll, gerecht und edel durch die Welt geht.

Ein König sitzt selten weinend, klagend und verschmutzt im Keller.

Ein König schreitet würdevoll und aufrecht, und übernimmt Verantwortung und Fürsorge für seine Mitmenschen und für das große Ganze.

Fragen Sie sich was schon königlich, ehrenhaft und würdig aus Ihnen herausstrahlt, und versuchen Sie diesen Anteil noch zu verstärken.

Blicken Sie zuversichtlich auf das, was noch entwickelt werden muss und versuchen Sie dort weiterzugehen.

Sonderbarerweise gibt es immer wieder Mitmenschen, die Ihnen Ihren Elan und Ihre Ideen und Ihren Mut nehmen wollen. Lassen Sie sich nicht beirren oder gar entmutigen.

Stellen Sie sich dann vor, Sie seien eine Königin oder ein Edelmann, der sich den Bedenken gerne einmal zuwendet, aber niemals vom großen Pferd steigt und aufgibt, sondern freundlich und liebevoll grüßend weiter reitet.

Bleiben Sie nicht zu lange bei den Zweiflern stehen, und versuchen Sie, in Ihrem Takt voranzuschreiten.

Wenn andere Menschen Sie stark in Ihrem Vorhaben entmutigen wollen, so müssen Sie beherzt davongaloppieren, sonst holen Sie die Widersacher am Ende vom Pferd herunter, welches Ihnen im schlimmsten Falle noch davonspringt.

Bleiben Sie fest im Sattel und gehen Sie Ihren Weg mit göttlicher Unterstützung.

Finden Sie unterwegs Ihre eigenen menschlichen Schätze und freuen sich darüber.

Bleiben Sie nie zu lange stehen und versuchen Sie stets in Ihrem Tempo zu bleiben.

Gott, der Ihren Lebensplan kennt, ist immer erreichbar.

Nehmen Sie Kontakt zu ihm auf, suchen sie das freundschaftliche Gespräch mit Gott.

Wenn Sie ihn nicht wahrnehmen können, dann gehen Sie an einen stilleren Ort, und Sie werden seine Antworten als innere Stimme gut hören können.

Ihre innere Einzigartigkeit meldet sich in Ihrer inneren Stimme!

Gottes Traum für uns drängt immer wieder zur Erfüllung und meldet sich in seiner ganzen Schönheit im Inneren von uns.

Bleiben Sie immer in Verbindung mit Gott, auch wenn Sie anfänglich keine Antworten erhalten.

Der Sieg ist auf Ihrer Seite, weil Sie den richtigen Trainer haben.

Können Sie glauben, dass Sie so wertvoll und wichtig sind, dass die Welt auf Sie angewiesen ist? Können Sie das glauben?

Jeder Spieler einer Mannschaft ist wichtig, selbst die Reservespieler bringen Stabilität und Sicherheit mit in den Wettkampf.

Wenn nur ein Mannschaftsmitglied denkt, es käme nicht auf es an, ist manches Spiel schon verloren.

Sehen Sie sich stets als Sieger und seien Sie großmütig.

Sie wissen um Ihre Größe und haben den Mut auch andere vorzulassen, ohne dabei ein Defizit zu spüren.

Seien Sie großzügig und lassen Sie anderen Platz. Lassen Sie Luft für sich, aber auch für die anderen Menschen um Sie herum.

Bleiben Sie entspannt. Lächeln Sie, und lassen Sie sich auf großen, breiten Flügeln weitertragen. Seien Sie sich Ihrer Größe bewusst, ohne hochmütig zu sein.

Denken Sie nicht nur über Risiken nach, sondern denken Sie an die Möglichkeit des Erfolgs.

Schenken Sie, ohne etwas zurückzuerwarten.

Fragen Sie sich: Was würden Sie in Ihrem Leben noch tun oder anfangen mit dem Wissen, dass Sie nicht scheitern würden?

Viele Menschen vergeuden ihre Anfangsenergie, weil sie bei den Risiken hängen bleiben.

Schreiben Sie sich Ihre Wünsche auf und denken Sie daran: Auch Sie tragen göttliche Energie in sich. Sie sind direkt an der Quelle, nur trinken müssen Sie selbst.

Gestehen Sie sich Ihre Schwächen ein, aber lassen Sie sich nicht von ihnen fangen, sondern nehmen Sie diese mit auf den Weg Ihres Erfolges.

Vom Burnout zur wohligen Selbstachtung

Bei vielen Patienten, die an Burnout oder Stresssymptomen leiden, liegt der eigentliche Ursprung in mangelnder Selbstachtung, oder auch in falscher Einschätzung der eigenen Grenzen und Möglichkeiten.

Das Bestreben, es jedem Recht machen zu wollen, beachtet zu werden, Frieden zu stiften, Konflikte zu vermeiden oder Lob zu erringen verbraucht auf lange Sicht viele Energiereserven.

Es wird viel Energie investiert, aber es kommt wenig zurück.

Das Verhältnis von Arbeit und Freizeit, von Fürsorge und Sorge, Schlaf und Wachzeiten, Anspannung und Entspannung ist bei vielen aus der Balance geraten.

Was verbraucht am meisten Energie?

Energiefresser sind meist die emotionalen Defizite, die möglicherweise aus den Umständen des Lebens gekommen sind. Sie sind wie fiese Löcher im Energie-Tank.

Stellen Sie sich vor, ein Kind wurde nie anerkannt oder gar wenig geliebt. Es beginnt sein Leben in einem Vakuum von Liebe, Achtung und Beachtung. Dieses Defizit, das seit frühester Kindheit gespürt wurde, wird dieser Mensch mit Anhäufung von Lob, sichtbarem Erfolg und Wichtigtuerei auszugleichen versuchen.

Doch ein solches Vakuum speist und verstärkt sich meistens selbst. Die Sogkraft ist zu groß, als dass man sich dagegen stellen könnte.

Durch Leistung bekommt der, der nach Anerkennung hungert, das was er braucht, nämlich Lob und Beachtung. Doch das Vakuum verschlingt oft beides sofort.

Sollte jemand bei dem Prinzip den Erwartungen anderer zu genügen besonderen Ehrgeiz entwickeln, so wird es ihn weit bringen. Doch das Defizit zwischen Nehmen und Bekommen wird größer. Die Nachhaltigkeit von bedingungsloser Liebe bleibt aus und der Mensch wird leer.

Seine Energiereserven gleichen einer Holzhalle, die geplündert wird und somit reduziert sich das Brennholz für den Winter.

Wehe, wenn mehr Energie als normal verbraucht werden muss.

Vor lauter Geschäftigkeit fehlt oft der Überblick über die restlichen Brennreserven, das letzte Scheit Holz brennt bereits im Feuer und fortan geht nichts mehr.

Oft ist dieser Zustand der energetischer Leere des Körpers ein Geschenk, das einem zugemutet wird, um wieder zurückzufinden zum eigentlichen Kernpunkt.

Ohne Selbstbeachtung und Selbstfürsorge gibt es in dieser Energieleere keine dauerhafte Heilung.

Meistens wurden die Ziele zu hoch gesteckt, ohne bewusste Anbindung an das innere Geheimnis.

Die Seele wurde außen vor gelassen, der Verstand rannte voraus und der Körper total erschöpft hinterher.

Meistens trifft die Energieleere die Menschen, die viele Talente und eine gute Grundkonstitution geschenkt bekommen haben.

Sie schöpfen solange aus dem Vollen, bis nichts mehr darin ist. Sie neigen dazu, sich zu hohe Ziele zu stecken - oder fremden Zielvorgaben zu folgen.

Wenn Sie in einen Energiezustand der Leere angekommen sind, können Sie sich folgende Fragen stellen, um wieder zum eigenen Kern zurückzufinden:

- Was füllt mich auf, was kann ich geben ohne mich verbraucht zu fühlen?

- Was geht leicht, was kann ich, wo gehe ich weiter ohne Widerstand?

- Wo liegen meine Talente, was geht mir leicht von der Hand

- Wo freue ich mich auf mein Tun?

- Was entspricht momentan meiner Lebensphilosophie bzw. meinem Können?

- Wo fühle ich mich überfordert und was macht mir Angst?

Merken Sie sich stets, dass die Angst nicht aus den Quellen göttlicher Energie entspringt, sie kommt aus der anderen Richtung.

Angst führt nie zum Erfolg und auch nicht zum göttlichen Segen.

Könnte es sein, dass das Sprungbrett zu hoch ist? Könnte es sein, dass der Berg, dessen Besteigung Sie sich vorgenommen haben, zu hoch ist ? Manchmal ist es besser, die großen Achttausender anderen zu überlassen - oder zu warten, bis man ihnen gewachsen ist - als angstvoll oder mit Stress zu leben.

Es wäre manchmal besser, eine gewisse Zeit von kleineren Höhen zu springen, oder wie man sagt, kleinere Brötchen zu backen.

Die Königsfrage ist: Was geht leicht und mit Freude, ohne darauf zu schauen, was andere von Ihnen erwarten.

Mit genug Training kommen Sie in die nächste Liga. Mit mehr Zeit und Lockerheit schaffen Sie Dinge, die Sie sich nie zugetraut hätten.

Das Leben scheint manchmal wie auf der Autobahn. Lassen Sie die Raser links vorbeihetzen und überholen, aber fahren Sie in Ihrer eigenen Geschwindigkeit. Machen Sie Pausen wenn nötig, aber bleiben Sie fest an Ihrem Lebensplan verankert. Versuchen Sie freudig und ohne Schaden und Bedrängnis zum Ziel zu kommen.

Ich denke an den sogenannten Mann in der zweiten Reihe, der sich nie ganz verausgabt und dann zum richtigen Zeitpunkt seine Kräfte gezielt einsetzt, um an die Spitze zu kommen, wenn dies erforderlich ist.

Selten gewinnt der Läufer, der von Anfang an alles auf eine Karte setzt, sondern meistens die nächsten, die sich die Kräfte für den Endspurt eingeteilt haben.

Das So-sein-wie-man-wirklich-ist, führt seltener zum Burn out.

Sei so wie du bist, und du bist der Beste!

Verbiegen Sie sich nicht, auch nicht für den scheinbaren Erfolg.

Erfolg ist dann beständig, wenn es leicht geht.

Laden Sie Ihre Begabungen ein, an die Oberfläche zu kommen.

Talente sind von Gott gegebene spezielle Gaben. Deshalb geben Sie, was Sie haben, d.h. was Sie besonders gut können, was Ihnen besonders leicht fällt. Seien Sie freigiebig mit dem, was Sie gut können, was Ihnen leicht fällt.

In der Olympiade Ihres Lebens werden Sie zum Sieger in Ihrer eigenen Disziplin.

Sie haben nichts zu verlieren als wertvolle schöne Lebenszeit, wenn Sie sich durch etwas durchquälen müssen.

Schöpfen Sie Ihr Potential aus, zünden Sie Ihr Licht an! Ein Licht kann das andere anzünden. Wenn die Lichter brennen ist es egal welche Kerze Sie sind, ob lang, dünn oder dick, Hauptsache die Kerze brennt gut.

Seien Sie Licht in allem, was Sie tun. Sie müssen nicht der Beste sein, Hauptsache Sie sind mit allen Sinnen dabei!

Wahrhaft Schönes entsteht dort, wo sich jemand seiner inneren Einzigartigkeit treu bleibt.

Hildegard von Bingen erzählt von einer Botschaft von Gott zu den Menschen, wo es heißt:

„Oh Mensch du bist mir verantwortlich, du sollst das Gute, das du von mir hast, lieben!"

Akzeptieren Sie, wie Gott Sie eingerichtet hat!

Wenn Sie begreifen, dass Ihnen nichts fehlt, haben Sie das Gefühl Ihnen gehöre die ganze Welt!

Wenn Sie es nicht schaffen Ihr Leben als Geschenk zu sehen, laden Sie den Satan zum Nörgeln ein. Bleiben Sie bei und in sich selbst. Gehen Sie nicht ab von Gott. Zweifeln

Sie, schreien Sie, klagen Sie an, aber bleiben Sie mit ihm in Verbindung.

Die Nichtauthentizität ist ein Energiefresser großen Ausmaßes. Das nicht so sein wie man wirklich ist lässt den Menschen zum Dauerschauspieler mit schlechter Gage werden.

Stellen Sie sich vor, Sie steuern ein Fahrzeug, und um geradeaus fahren zu können, müssten Sie das Lenkrad leicht nach rechts gedreht halten. Ihr Gehirn wäre ständig unter Anspannung.

Wenn Sie immer so sein können, wie Sie wirklich sind, so brauchen Sie weniger Energie im täglichen Leben zu verschwenden, mit Dingen und Meinungen, die nicht Ihre eigenen sind.

Seien Sie so wie Sie sind, auch mit den Eigenschaften, die Ihnen weniger Beifall bringen, und es lebt sich entspannter.

Authentizität heißt, über sich selbst Bescheid wissen, sich selbst mit allen Eigenschaften zu akzeptieren und im besten Rahmen seiner Möglichkeiten zu leben.

Verstellen Sie sich nicht, lächeln Sie über Ihre Schwächen, denen Sie ab und zu liebevoll über den Kopf streicheln.

Seien Sie gut zu sich und haben Sie Geduld mit sich.

Schwäche zuzugeben bringt Freunde, sie lässt den anderen fragen: „Sag mal, wie hast du das gemacht, wie bist du damit weitergekommen?"

Schwäche lässt Liebe zu und lässt den anderen groß sein.

Aus der Schwäche, die Sie klar zeigen und sich eingestehen, finden sich hilfreiche Sichtweisen von Menschen ein, die genau dort ihre Stärken haben.

Nachfragen verlangt Mut zur Lücke und Mut zur Ablehnung. Doch niemand wird Sie ablehnen, wenn Sie ihn groß sein lassen.

Meistens folgt Dankbarkeit für die ehrliche Frage, die bei anderen um Beantwortung bittet.

Vom Hochmut

Hochmut ist ein Laster und eine Belastung gleichermaßen, die übertourig und überheblich über andere hinwegfährt.

Hochmut kann zur Gottvergessenheit führen. Der hochmütige Mensch glaubt, er wisse besser als Gott, was nötig wäre. Er möchte etwas Besonderes sein, oder er denkt er wäre dies bereits. Hochmut wird oft begleitet vom Beigeschmack der Arroganz oder Wichtigtuerei.

Besonders schwer wiegt die Kombination von Hochmut und hämischer Lächerlichmachung anderer.

Kennen Sie die folgende Situation?

Ein engagierter Mensch möchte bei einer Zusammenkunft von Menschen seinen Standpunkt der Dinge anbringen. Einem der Anwesenden passt das nicht und sofort wird er eine unwichtige Nebensache suchen, um ihn der Lächerlichkeit preiszugeben.

Alle lachen, und die wichtige, ernsthafte Rede eines Menschen wird durch unmotiviertes Lachen zerschellt. Der Vortragende fühlt sich entwürdigt und des Wohlwollens der zuhörenden Menschen beraubt.

Hildegard von Bingen beschreibt die Lächerlichmachung als eine Emotion des Teufels. Sie ist die Mordwaffe für jede Ernsthaftigkeit, sie vertreibt die würdevolle Getragenheit von Wichtigkeit und Wahrhaftigkeit.

Die Lächerlichkeit haut dem ehrlichen Darbietenden beispielsweise die Schlüpfrigkeit um die Ohren, und die Zuhörer können nicht anders, als diese Spannung zu lösen, indem sie in Gelächter ausbrechen. Oft wird die verletzende Kraft einer solchen Bloßstellung nicht erkannt, denn sie mündet ja in Lachen - und Lachen ist eigentlich eine gute, heilsame Energie.

Doch die Verletzung, die der Ausgelachte erfährt, wird sich tief in sein emotionales Gedächtnis einprägen, so dass er aus Angst vor Bloßstellung künftig jede ähnliche Mut brauchende Aktion vermeiden wird.

Lächerlichmachung ist zunächst schwer erkennbar, denn sie gipfelt in Gelächter, welches vordergründig nicht als teuflisch eingeordnet wird.

Hüten Sie sich vor Menschen, die ihre Macht dadurch aufbauen möchten, indem sie andere Menschen lächerlich machen.

Falls Sie jemals in solch eine Situation kommen sollten, so fragen sie denjenigen, der mit Lächerlichkeit punkten will: „Wer spricht aus dir! Schauen sie ihm dabei tief in die Augen und fragen Sie noch einmal nach: "Wer spricht aus dir?"

Alle Anwesenden würden sofort verstehen, was sie damit meinen. Beginnen sie von vorne mit ihrem Anliegen und verbieten Sie die Lächerlichmachung.

Hochmut wird von Selbstüberschätzung genährt, die sogar Gott in Frage stellt. Der Verstand und das Wissen um die

Naturwissenschaften locken den Menschen nicht selten in die Bahn der wissenden Überheblichkeit.

Hochmut fühlt sich wohl bei Menschen, die denken, sie könnten alles mit Ihrem Wissen und aus eigener Kraft schaffen, weil sie sich groß und stark fühlen, durch vordergründige Macht, Geld, Ruhm oder Ehre. Hochmut und Kleingeist brauchen Gott nicht - bis der Fall kommt.

Das Wissen um die Größe Gottes lässt Bescheidenheit zu. Stellen Sie sich als gläubiger Mensch vor, Sie müssten alles mit Ihrem Verstand und Ihrer Intelligenz regeln, was für eine Anstrengung käme über Sie?

Tiefe Traurigkeit als Ursache von Zorn

Traurigkeit entsteht aus Nichterfüllung der eigentlichen inneren Seelenwünsche und Bedürfnisse.

Seelenwünsche sind Sehnsuchtswünsche nach der Sinnhaftigkeit des eigenen Lebens. Unglückseligkeit breitet sich allmählich aus, begleitet von Pessimismus, Schwarzsehen, Trübsinn und Schwermut, wenn das eigene Seelenpotential nicht gelebt werden kann. Fragen Sie sich:

- Wissen Sie was Sie wollen?

- Wissen Sie was das Leben von Ihnen will?

- Wissen Sie um Ihre Berufung bescheid?

- Können Sie Ihrer eigentlichen Berufung folgen?

- Können Sie Ihre persönlichen Bedürfnisse mit einer sinnhaften Berufung unter einen Hut bringen?

Einengungen und Verstrickungen in Gewohnheiten lassen uns diese Fragen vergessen.

Zu viele Besitztümer täuschen über innere Bedürfnisse hinweg.

Finanzielle Absicherung und der Besitz von Statusobjekten täuschen den Menschen und bringen eine scheinbare Zufriedenheit, während die innere Freude dabei fehlt.

Lassen Sie sinnlosen Besitz und sinnlose Gewohnheiten los, und Ihre Seelenbedürfnisse frei, die sie vorher nicht erkennen konnten.

Eine Geschichte, die Ihnen dabei helfen kann, ist das Märchen vom Hans im Glück.

Gehen Sie das Risiko ein, immer glücklicher zu werden - ganz einfach, indem Sie überflüssige Dinge abgeben.

Hauen Sie alles raus, was Ihnen nicht würdig erscheint und was Sie nicht ärmer macht.

Vertrauen Sie auf die göttliche Fürsorge, die Ihnen alles geben wird, was Sie brauchen.

Hildegard meint dazu, wir sollten die Zither der Leichtigkeit in der Gegenwart Gottes spielen.

In Leichtigkeit und Freude sollen Sie Ihre Arbeit verrichten, in der Anwesenheit des Sie schützenden Gottes. Können Sie Ihre Arbeit leicht und spielerisch, sowie vertrauensvoll erledigen?

Glauben Sie an die Fürsorge Gottes in dem was Sie tun?

Versuchen Sie in die Richtung zu kommen, in der die göttliche Absicht immer erkennbar bleibt.

Lassen Sie Ballast ab!

Reich ist nicht der, der viel hat, sondern der, der wenig braucht!

Verbrauchen Sie weniger, damit Sie mehr das tun können, was Sie befriedigt. Kaufen Sie sich Zeit, indem Sie Unnötiges sein lassen. Denn Sie werden sehen, dass Zeit mit zunehmendem Alter wertvoller wird.

Und vielleicht werden Sie erkennen, dass ein Arbeitsplatz, der Sie erfüllt, sinnvoller ist, als eine Beschäftigung die Sie stresst, aber finanziell mehr bringt.

Mit zunehmendem Alter wird freie Zeit wichtiger! Kaufen Sie sich Zeit, indem Sie Unnötiges abspecken.

Die größte Freuden-Ausbeute bekommen Sie während einer sinnerfüllten Arbeit.

Reduzieren Sie zum Beispiel Ihre Arbeitszeit im Büro und arbeiten in Teilzeit beim Gärtner, wenn Sie die Natur lieben.

Um in ein Gefühl von Seligkeit zu kommen, müssen Sie das anschauen, was Ihnen Freude bringt, statt darüber traurig zu sein, was Sie nicht sind, haben oder können.

Suchen Sie in allem was Ihnen begegnet und widerfährt das Gute, was Ihrer Freude dient.

Alles was Freude, Leichtigkeit und Aufbruchstimmung vermindert, müssen Sie unbedingt meiden.

Es raubt Ihnen Ihre Kraft, Wertvolles schöpfen zu können.

Suchen Sie die Leichtigkeit und spielen Sie die Zither leicht und beschwingt.

Um Seligkeit zu schmecken, brauchen Sie Gottes Geleit. Sie brauchen seine Weite, seine Erfülltheit, seine Großzügigkeit.

Wenn Ihrem Leben Sinnhaftigkeit fehlt, breitet sich Traurigkeit aus, die irgendwann in Zorn umschlägt.

Der Zorn ist eine Emotion, die in der Leber beheimatet ist - ebenso wie Ihr innerer Lebensplan. Kann er nicht gelebt werden, weckt das den Zorn, der sich den Weg an die Oberfläche sucht.

Doch wenn der Zorn keine Veränderung bringt, wird der Mensch hoffnungslos, verfällt in tiefste Traurigkeit und wird schließlich depressiv. Mancherlei Aussichtslosigkeit kann schließlich in die Depression führen.

Traurigkeit muss immer beachtet werden, da sie einen fortschreitend destruktiven Charakter hat. Sie zerstört andere oder am Ende sich selbst.

Ein Zornesausbruch kann also ein Symptom von Traurigkeit sein, ein Hilfeschrei nach Veränderung.

Wenn Zorn und Traurigkeit nicht erkannt werden führt dies nicht selten, vor allem bei Kindern, zu autoaggressivem Verhalten.

Der Teufel freut sich über diese Mechanismen, da er hier richtig eingreifen und zerstören kann. Daher ist es unsere allerwichtigste Aufgabe Freude zu schaffen, als eine große, tugendhafte Aufgabe, um dem Bösen keinen Zugang zu gewähren.

Freude, Liebe und Dankbarkeit sind in Kombination eine Lichtwaffe gegen das Böse in dieser Welt!

Gegen diese Kombination haben Zorn und Traurigkeit keine Chance.

Auch Kritiksucht, die meistens aus eigener trauriger Nichterfülltheit kommt, kann mit Dankbarkeit, in allen Dingen und für alle Dinge, geheilt werden.

Vom Glauben und Unglauben

Ein Mensch, der an das Göttliche glaubt, verfügt über Urvertrauen in seine Mitmenschen, in das Gute in der Welt und in die Zukunft.

Der Glaube trägt den Menschen auch in ungewissen Fahrwassern weiter, weil die Hoffnung mit an Bord ist.

Ständiges Zweifeln verliert sich, Unruhe weicht, die Angst lässt nach, und der Druck, alles selbst machen zu müssen, weicht.

Ein tiefgläubiger, überzeugter Mensch glaubt letzten Endes an das Gute und erfährt dadurch einen starken Halt.

Auf die Probe gestellt wird der Glaube durch Nervenschwäche, Angst, Trübsinn, Unruhe und stetiges Zweifeln.

Werden diese Energien zu stark, steigt die Gefahr, der Magie zu verfallen. Hildegard von Bingen schreibt:

„Mit Satans Hilfe fingen die Menschen an, sich dem Wahnsinn magischer Künste auszuliefern. Den Teufel selbst sehen und hören sie, während er sie mit Worten und Zeichen betrügt, so dass sie ein Geschöpf für das andere halten, als es in Wirklichkeit ist. (…) Schwer schuldbar sind sie in diesem bösen Treiben, denn sie verleugnen dadurch mich, ihren Gott, und laufen dem alten Verführer nach. (…) Du aber verlässt mich, den wahren Gott, und folgst dem

Lügner. Ich bin die Gerechtigkeit und Wahrheit."
(Hildegard von Bingen: Wisse die Wege)

Wenn die Magie übermächtig wird, dann bleibt nur noch der Glaube an die Macht des Geldes, der Wissenschaft und des Schicksals.

Doch was könnten Sie sich mit Geld kaufen? Selbst wenn Sie Geld besitzen, haben Sie nicht die Macht, das Wetter zu verändern, oder die aufrichtige Liebe eines anderen Menschen zu erkaufen.

Selbst wenn Sie alles wissenschaftlich ergründen könnten, bleibt es doch in der göttlichen Stärke und Macht, die Dinge erschaffen zu haben.

Selbst wenn Sie wissen, wie eine Hummel aufgebaut ist und funktioniert, können Sie keine Hummel erschaffen. Sie können eine Hummel töten, aber Sie können keine Hummel zum Leben erwecken.

Wer schicksalsgläubig ist, glaubt nicht an die Vorsehung Gottes, sondern an Zufälle, die sich beliebig aneinanderreihen.

Wenn hinter jedem Tod ein sinnhafter Zeitpunkt steht, kann man Gott die Vorsehung überlassen, wann der richtige Zeitpunkt für das große Ganze, und auch für diesen Menschen selbst gekommen ist.

Können Sie auch zu diesem Zeitpunkt glauben, dass Gott es gut mit Ihnen meint?

Die eigene Tüchtigkeit, die verlangt, alles aus eigener Kraft und Stärke heraus zu erringen, steht meist im Vordergrund und bestimmt die Wertigkeit des Lebens.

Solange Sie noch tüchtig sein können funktioniert das auch. Zumindest bis zu dem Zeitpunkt, an dem Dinge passieren, die Sie nicht beeinflussen können. Hier kommt die Demut ins Spiel.

Über die Demut

Demut ist nichts für Feiglinge, sie verlangt Mut und Tapferkeit. Sie erlaubt Ihnen, sich kleiner sehen zu dürfen, als sie sein möchten.

Demut lächelt über Schwächen und freut sich an Stärken der anderen. Demut zweifelt am Menschlichen, aber sie hat einen starken Halt in Gott.

Der gläubige Mensch erfährt im Gebet auf Knien die Stärke Gottes.

Probieren Sie es aus! Je wichtiger Ihnen ein Anliegen vor Gott ist, umso mehr sollten Sie beim Beten auf die Knie gehen und laut beten. Je stolzer Sie sind, umso besser verstehen Sie den Zusammenhang. Ein stolzer Mensch kennt die Kniebeuge allerhöchstens aus dem Sport.

Aber wer sich klein fühlt und zeigt, kann auch auf die Fürsorge von ganz oben vertrauen.

Können Sie einem kleinen Kind eine ernst gemeinte Bitte ausschlagen? So handelt Gott.

Aus Liebe zum Menschen wird er die Bitte nicht ausschlagen, sofern es dem Bittenden zum Guten dienen würde.

Gott wird Ihnen keine Schlange geben, wenn Sie um ein Stück Brot bitten.

„Denn wer bittet, empfängt, wer sucht, findet, und wer anklopft, dem wird geöffnet. Würde jemand unter euch denn seinem Kind einen Stein geben, wenn es ihn um ein Stück Brot bittet?" *(Bibel: Matthäus 7.8)*

Im Glauben erfahren Sie die Gutmütigkeit Gottes und seine Bereitschaft, für Sie da zu sein, besonders dann, wenn Sie sich vertrauensvoll und voller Liebe an ihn wenden.

Gott ist größer als Sie denken. Handeln Sie so, als ob alles von Ihnen abhängig ist!
Glauben Sie so, als ob alles von Gott abhängig ist!

Von Ruhmsucht und Neid

Die Ruhmsucht erhöht sich über andere Menschen - und leider auch manchmal auch über Gott.

Die Ruhmsucht beschäftigt eher die linke Gehirnhälfte, und sinnt darüber nach, was Intelligenz noch Größeres vermag.

Menschen, denen der Ruhm heilig ist, möchten gelobt werden. Sie Lieben das Aufschauen anderer Menschen. Sie lieben Sondersituationen, in denen sie gesehen werden.

Die Gefahr, sich schleichend von den Urteilen anderer abhängig zu machen, wird oft spät erkannt. Die Bestätigung und Spiegelung von außen wird zum Lebensmotor. Doch wer viel auf andere Meinungen hört, lebt zwangsläufig mehr außerhalb als in sich selbst.

Der Begleiter der Ruhmsucht ist der Neid.

Der Neid stört die Nächstenliebe. Er stört den Frieden untereinander.

Doch der Neid kann auch positiv genutzt werden, wenn Sie ihn als Anzeiger sehen für das, was Ihnen in Ihrem Leben fehlt.

Meistens brauchen Sie gerade das notwendend, was in Ihnen Neid bei anderen empfinden lässt.

Lassen Sie also Neid zu, um zu sehen und zu spüren was sie brauchen.

Die Frage ist: Was haben die anderen bereits, was mir noch fehlt?

Wenn Sie den Neid als Ansporn benutzen können, um genau das zu erreichen, was Sie in ihr Glück führt, dann könnten Sie diese Emotion als einen positiven Entwicklungsmotor sehen.

Die Missgunst hingegen strebt nur nach einer Vernichtung des Glücks anderer.

Insofern benutzen Sie den Neid als therapeutische Hilfe, um herauszufinden, was Sie tatsächlich erfüllen könnte und Sie vertreiben damit die Missgunst, die Sie selbst und andere unglücklich macht.

Neid bekommen Sie unter Ihre Kontrolle, wenn Sie lernen, sich etwas zu gönnen. Seien Sie großzügig zu sich!

Vor allem im emotionalen Bereich kommen nicht gelebte Wünsche schmerzhaft zum Vorschein.

Die Eifersucht ist beispielsweise eine Form von Neid.

Die Angst, ein anderer Mensch könnte den eigenen Partner glücklicher machen, treibt in Aggressionslust und Verzweiflung.

Oft versucht der Mensch diese Verzweiflung mit Kontrolle in Schach zu halten - um die eigenen Angst erträglich zu machen, wird der Partner und seine Umwelt reglementiert und überwacht.

Segnen Sie Ihre Mitmenschen, denen es - scheinbar - besser geht.

Vertrauen Sie darauf, dass Gott auch Sie genauso mit Talenten und Gaben reichlich beschenkt hat.

Bleiben Sie in Ihrer eigenen Spur, und gehen Sie bedächtig weiter, in voller Aufmerksamkeit und Erwartung, was Ihnen noch alles Gutes zuteil wird.

Jeder will ein anderes Kleid als sein eigenes und wundert sich, dass es dann schlecht passt.

Akzeptieren Sie, wie Gott Sie eingerichtet hat.

Selbstangriffe und Selbstquälerei entspringen nicht aus der Energie Gottes.

Suchen Sie nach Ihren eigenen Verwundungen, die Sie schon zugelassen haben, oder selbst zugefügt haben und versuchen Sie diese zu heilen, indem Sie gut zu sich selbst sind.

Der Heilungserfolg hieraus ist der innere Frieden, der Ihnen Ihre innere Gesundheit bringt. Sie sind und werden besser als Sie denken! Wenn Sie wirklich begreifen, dass Ihnen nichts fehlt, gehört Ihnen die ganze Welt.

Veränderung bringt Heilung

Krankheiten und Verletzungen sind da, um eine Veränderung anzukündigen und falls diese nicht gesehen werden will, zu erzwingen.

Veränderungen bringen Sie immer auf Heilungswege.

Krankheiten zeigen Ihnen die Richtungswechsel, die auf Ihrem Seelenweg anstehen.

Ego, Angst und Kontrolle halten uns oft von unserer eigentlichen Bestimmung ab, sie hindern uns an Kreativität und Neuschöpfung.

Machen Sie deswegen jeden Tag zum Visionstag, denn jeder Tag bringt Sie Ihrer Bestimmung näher und somit Ihrer Lebensaufgabe. Seien Sie dankbar für jeden Misserfolg, denn er bringt Ihnen Einsicht. Nehmen Sie jede Krise als Herausforderung oder Wandlungsphase an, um zu wachsen und zu reifen:

Es kommt nicht darauf an, was Sie verdienen durch das, was Sie tun, es kommt darauf an, wer Sie werden durch das, was Sie tun.

Je früher Sie Ihre Unzufriedenheiten durch Veränderungen wandeln, umso reibungsloser verläuft Ihr Leben.

Im Leben gibt es viele Übergänge, in denen man Unsicherheiten aushalten muss, in denen man nicht weiß wie es weitergehen kann.

Die meisten Menschen verweigern nicht die Veränderung selbst. Was sie verweigern, sind die schmerzhaften Gefühle im Übergang.

Das „Dazwischen" macht Angst, weil es ungewiss ist.

Diese Phasen des Wartens auszuhalten, in denen sich noch gar nichts tut bis zur eigentlichen Verwandlung, ist nicht einfach.

Dieses Warten auf Verwandlung nennen wir Geduld.

Die Geduld ist der lange Atem der Leidenschaft.

Die Unsicherheit vor dem, was kommt, schmerzt so lange, bis wir wirklich vollkommen loslassen können.

Gelassenheit, Beharrlichkeit, Beherrschtheit und Duldsamkeit sind Tugenden, die die Geduld fördern.

Sie schrauben damit Ihre Ansprüche herunter und überlassen Gott in der Gewissheit die Führung, darauf vertrauend, dass alles zu Ihrem Guten gelingen wird.

Bleiben Sie in der Stille der Erwartung und halten Sie die Ruhe aus, bis etwas Neues auf sie zukommt. Jeder große Übergang braucht Zeit.

Sie brauchen einen neutralen Puffer, eine Zeit ohne große Ereignisse, in der Sie Ihrer Erwartung einen würdigen Platz einräumen.

Im Schweigen spüren Sie Gottes Kraft und Anwesenheit. Der Schmerz wird kleiner, je länger Sie ihn in Stille betrachten und aushalten.

Ob er will oder nicht, jeder Patient muss seine Krankheit mit Geduld ertragen und abwarten, bis ihn seine inneren Heilkräfte wieder gesund machen.

Ungeduld ist Hildegard von Bingen zufolge das schlimmste Gift, denn Ungeduld fördert die Schwarzgalle, die wiederum den Heilungsvorgang behindert.

Ungeduld ist der Ursprung des Zornes, die emotionale Ursache vieler Krankheiten.

Der Zorn ist nach Hildegard das Herz des Teufels. Ein schlimmes Laster.

Sie schreibt: „Manchmal versteckt sich der Zorn in der Schlangengrube und bedroht den Menschen so lange, bis er den Verstand verliert."

Oder: „Im Zorn rast selbst der Weise in sinnloser Wut. Der Zorn ist die Bitternis, welche die Güte und Süße des Gesetzes Gottes vernichtet."

Gott nimmt uns manchmal Dinge, damit wir leichter weitergehen können und mehr aus uns werden kann.

Nehmen Sie diese Einladung in Geduld an, um erwachsener und reifer zu werden.

Linderung und Trost reichen meist nicht zur Heilung, sondern eher die Kraft der wahren Veränderung.

Jede äußere Veränderung bringt innere Veränderung und umgekehrt.

Jeder Ballast, den Sie aus Ihrem Körper herausbringen, verändert Sie in eine klarere Persönlichkeit, befreit Sie von anhaftenden negativen Gedanken und Mustern.

Falls Sie sich im Moment keiner anstehenden inneren Veränderungen bewusst sind, versuchen Sie doch einmal, sich in Ihrem äußerlichen Ausdruck zu verwandeln.

Sie könnten Ihren Körper, Ihre Kleidung und Ihre äußere Erscheinung verändern: Weil das Außen auch auf das Innen wirkt.

Begeben Sie sich in neue Situationen und Möglichkeiten, um mehr über sich selbst erfahren zu können. Neue Erfahrungen bringen neue Lebensgefühle und neue Einsichten.

Verwandeln Sie sich, finden Sie sich selbst, behalten Sie dabei Ihren Ernst und Ihre Würde und seien Sie dankbar für alles.

Üben Sie Güte und Geduld, und bleiben Sie mit Heiterkeit in der Nähe Gottes.

Verwandlungsfähigkeit bringt die Fähigkeit, sich dem Leben zu stellen.

Er - schöpfung braucht Neu - Schöpfung!

Wenn das Leben nicht mehr fließt und die Freude an Erwartungen zurückgeht und bohrende Müdigkeit sich breitmachen will, braucht es eine Lebenskorrektur.

Sie müssen sich nicht radikal verändern, aber Sie können anders an die Dinge herangehen.

Die Reise in Ihr glückliches Leben sollte jedoch ohne äußere Bewertung auskommen, sondern in freudiger Erwartung was kommt.

Verurteilen Sie sich nie in Ihrer Selbstwerdung, sondern fragen Sie bei jeder Transformation:

- Wer bin ich geworden?

- Was habe ich daraus gelernt?

- Wer will ich in Zukunft sein?

Denken Sie nicht zu viel an die Vergangenheit.

Gehen Sie mit ruhigem Verstand vorwärts und verweilen Sie nicht in Ihren gebundenen Erinnerungen. Dann kann Sie das Göttliche auffüllen und erfüllen.

Gottes Fürsorge gibt uns nicht nur eine, sondern unzählige Gelegenheiten, unsere Richtung zu korrigieren, wenn wir den falschen Weg eingeschlagen haben sollten.

Veränderung verlangt Tapferkeit - auch eine Tugend, die von Hildegard beschrieben wurde.

Die Tapferkeit zieht nicht den Schwanz ein, sondern bekennt Farbe, zum eigenen Wollen und Werden.

Weichen Sie neuen Herausforderungen nicht aus, lassen sie Altes wirklich los.

Halten Sie die Unsicherheit der Zwischenzeit aus.

Jeder Schritt voran bringt Sie in Ihre innere Größe und in Ihre innere Wahrheit.

Hüten Sie sich allerdings davor, zu schnell in Neues zu flüchten, weil Sie den zwischenzeitlichen Stillstand nicht aushalten können, sondern bleiben Sie bewusst, und ändern Sie sich in Ihrem eigenen Tempo.

Werden Sie sich Ihrer Stärken und Aufgaben bewusst und seien Sie bereit die Verantwortung für alles, was Ihnen geschehen wird zu übernehmen.

Verpflichten Sie sich bei jedem Schritt Ihrer neuen Entscheidung, der Sache treu zu bleiben, und schauen Sie nicht zurück, bis Sie am Ziel angekommen sind, sonst steigt das Risiko, umkehren zu wollen.

Jeder Schritt vorwärts, den Sie in der Phase der Veränderung gehen, bringt Sie Ihrem wirklichen Seelenwachstum näher und Sie entdecken damit die Sinnhaftigkeit Ihres Lebens.

Vom Sinn und der Sinnlosigkeit des Lebens

Glück wächst dort, wo der Mensch sich seiner Aufgabe bewusst wird und die Gnade erkennt, dienen zu dürfen.

Die Sinnlosigkeit des Lebens ist der Preis den Sie zahlen, wenn Sie die Verantwortung komplett abgeben.

Jede Entwurzelung aus dem sinnhaften großen Ganzen bringt Sie weg aus dem Schutz der göttlichen Einheit.

Aus dem Wissen heraus für die Schöpfung da zu sein und Gottes treuer Mitschaffer zu sein, erwächst Mut zu neuen Wegen.

Spüren Sie in allen Situationen Ihrer Veränderung die Liebe in Ihrem Herzen. Ihr Verstand führt Sie in Verantwortung zum Ziel.

Den Sinn unseres eigenen Lebens tragen wir spätestens seit unserer Geburt in uns.

Unsere Talente und Fähigkeiten gestalten unseren Lebensauftrag.

Um den Sinn des eigenen Lebens zu entdecken, müssen Sie nach Ihren eigenen Fähigkeiten suchen.

- Was geht Ihnen leicht von der Hand?
- Wo empfinden Sie Freude in dem, was Sie tun?
- Was lässt Sie lange wach und aufmerksam sein?
- Was bringt diese Fähigkeit für die Mitmenschen und für die gesamte Schöpfung?
- Wo werden Sie geführt, was gelingt leicht?

Unlautere Tätigkeiten und Betrügereien kommen also nicht in Betracht, da sie nicht der Allgemeinheit dienen. Bringen Sie Ihr Inneres zum Ausdruck, damit die anderen in diese Schatzkiste hineinblicken können.

Oft ist das Gute, Sinnvolle in der Tiefe verborgen, deshalb müssen Sie das Sinnlose zunächst erkennen und sein lassen.

Es gilt, das Dunkle in uns zu begreifen und zu verstehen, es immer öfter sein zu lassen und dann zu fragen: Was will die Seele wirklich? Wo geht ihre Sehnsucht hin?

Jeder kennt das Gefühl von Heimweh oder Fernweh, Abschiedsschmerz und das Gefühl von freudiger Erwartung. Diese Emotionen sind die ehrlichsten Gefühle, die Ihnen bei der Sinnsuche begegnen. Nehmen Sie sie ernst und versuchen Sie diese Sehnsuchtswünsche zu verwirklichen.

Fragen Sie sich dabei, was Sie daran hindert, diese Sehnsüchte zu befriedigen. Gehen Sie dann los, der Erfüllung entgegen.

Bitten Sie bei Gott um Führung in der Frage, wozu Sie auf der Welt sind und was Ihr eigener Lebensplan ist.

Sie brauchen dann weiterhin einen wachen Geist, der den Input Ihrer Gedanken und Hinweise in Ihrem Leben richtig interpretiert.

Achtsamkeit im Alltag ist eine hervorragende Möglichkeit für neue Erkenntnisse.

Hören Sie genau auf das, was die Mitmenschen Ihnen zu sagen haben. Hören Sie auf die innere Botschaft der Worte und achten Sie darauf, was die Worte mit Ihnen tun d.h. welche Gefühle sie in Ihnen auslösen.

Wie möchten Sie selbst gesehen werden, welches Profil als Mensch hätten Sie gerne im Hinblick auf das Gute in der Welt?

Was bringt Ihnen innere Heilung und was bringt Heilung für die Welt?

Welche Lebensernte im Hinblick auf das Gute in der Welt würde Ihre Seele bis jetzt mit in die Ewigkeit bringen?

Auf was wären Sie stolz in der Ankunft des Todes?

Manchmal kommen immer wieder die gleichen Möglichkeiten auf einen zu, bis sie endlich genutzt werden.

Was tritt bei Ihnen immer wieder in Erscheinung, das mit Freude und Hingabe gelebt werden will?

Wie bei einem Musiker, der vollkommen beseelt sein Instrument spielt, soll bei dem, was wir tun etwas hinaufklingen in den Himmel.

Sie brauchen keine schweren Stücke zu spielen, aber das, was Sie spielen soll andere Menschen mitreißen und glücklich machen.

Was klingt hinauf in den Himmel, bei einem Konzert das eher an einen Klaviermarathon erinnert?

Der Lebensauftrag drängt immer wieder zur Erfüllung, d.h. Sie werden automatisch immer wieder daran erinnert, was der Sinn Ihres Lebens ist.

Stellen Sie sich vor, Ihr Totenbett wäre ein Altar, zu dem die Menschen hintreten würden, in tiefer Dankbarkeit für das, was Sie Ihnen zu Lebzeiten gegeben haben.

Erschließen Sie diese innere Schönheit in Ihrem Herzen und schauen Sie tief in sich hinein wer sie wirklich sind - oder sein könnten.

Glauben Sie nicht an das Negative, was man Ihnen beigebracht hat, sondern dringen sie in ihr inneres Heiligtum vor.

Wann waren sie zutiefst überrascht von sich und stolz auf sich?

Wann haben Sie sich am meisten selbst geliebt?

Sie werden merken, es waren stets Situationen in tiefster innerer Verschmelzung.

In Freud und Leid empfinden wir die größte Achtsamkeit, die uns dann aus der Alltagsverblendung herausführt und unser Leben in wahrhaftes, wirkliches Leben im Hier und Jetzt verwandelt.

Interessanterweise scheint das hellste Licht oft eher aus einem Leben voller Bedrängnis und Enttäuschung, als aus einem Leben, das alles hat.

Erwachen sie aus der Tiefe des Gleichklangs, damit ihre Seele nicht einschläft.

Wir haben die Verantwortung uns zu ermutigen, wenn nötig auch uns gegenseitig, und das Besondere und Gute ans Licht zu holen.

Hinter Angst, Leere und Mühsal des Alltags bleibt oft die Schönheit unseres Wesens für die Welt verborgen.

Werden sie zu dem Menschen, den Gott in Ihnen angelegt hat.

Wenn Sie Ihren eigenen Lebensplan erkennen und verwirklichen, entsteht daraus wirkliche Freiheit.

Oft bedarf es einer krisenhaften, traumatischen Erfahrung, um die starre Hülle unserer Gewohnheiten aufzubrechen, die uns erstickt und erstarrt, um uns zur wirklichen Freiheit zu führen.

Erwecken Sie Ihre Seele zum Leben, indem Sie wieder der Mensch werden, der Sie in Wirklichkeit sind.

Jede Idealvorstellung und jeder Vollkommenheitszwang hindert sie daran, in das wahre Innere Ihres Selbst vordringen zu können.

Begegnen Sie sich selbst verständnisvoll, anerkennend, verzeihend gegenüber Ihrer Vergangenheit, damit der Eintritt ins jetzige Leben gelingt.

Was war, ist nicht mehr wichtig, was alleine zählt, ist Ihre innere Wahrheit.

Im Angesicht des Todes und des Leidens - was ist wirklich wichtig? Haben Sie das Gefühl, dass Sie gelebt haben?

Waren Sie der Mensch, der Sie sind?

Sind Sie jetzt der Mensch, der Sie wirklich sind?

Lassen Sie ganz bewusst Ihre persönlichen finsteren Mächte los, denn diese trennen Sie von Gott und von Ihrem eigentlichen inneren Lebensweg.

Das größte Ziel, das sie erreichen können, ist, dass Sie im
vollen Besitz Ihrer inneren Persönlichkeit sind, Ihre Stärken
und Schwächen bewusst erkennen und akzeptieren und
dann die Verantwortung für sich, Ihre Mitmenschen und für
die ganze Schöpfung, und zwar im göttlichen Sinn,
übernehmen.

Vergebung und Versöhnung - Knackpunkte für die innere Freiheit

Der Vorteil der Vergebung ist: Sie brauchen niemanden dazu. Der Akt des Verzeihens und Vergebens ist vom Empfänger unabhängig.

Die Freiheit und Leichtigkeit durch Verzeihen und Vergeben entsteht dadurch, dass Sie niemandem etwas nachtragen bzw. hinterhertragen müssen.

Sie brauchen Ihr gereinigtes Selbst nicht mit verschmutzten Energien zu belasten, die Sie zurückgelassen haben.

Vergeben Sie täglich, so wie Sie täglich für alles danken sollten.

Wenn Sie ständig an vergangene Verletzungen denken, wäre das so, als würden Sie diese Energien ständig immer wieder neu einladen.

Verabschieden Sie sich von Ihren negativen Erinnerungen. Sie bringen Ihnen nichts. Es wird nicht besser, da die Situationen in der Vergangenheit bleiben, Sie können Sie nicht nachträglich beeinflussen.

Versuchen Sie belastende Geschehnisse hinter sich zurückzulassen, und erinnern Sie sich immer wieder aktiv an freudige und positive Momente ihres Lebens.

Sammeln Sie unbedingt schöne Bilder, Briefe, Karten, Filme etc., damit Sie auf positives Erinnerungsmaterial zurückgreifen können, wenn es nötig ist.

„Vergib uns unsere Schuld, damit auch wir vergeben unseren Schuldigern." *(Gebet: Vater Unser)*

Vergeben ist eine göttliche Kunst, bei der der Teufel vor Zorn auf den Boden stampft.

Vergebung ist Öl für das Licht im Kosmos.

Gehen Sie sogar noch einen Schritt weiter, und segnen Sie Ihre Peiniger mit guten Worten und Gedanken. Sie werden davon frei wie ein Heißluftballon, dem man die letzten Haltestricke durchschneidet.

Versöhnung kennen Sie alle, da Sie bestimmt schon einmal die aktive Vergebung eines anderen Menschen als erleichternd und befreiend empfunden haben.

Richtiger Streit entsteht nur dort, wo nach einer deftigen Meinungsverschiedenheit Vergebung und Versöhnung ausbleiben.

Wie viele alte Kamellen verkleben unser Wachstum? Schmeißen Sie alte Verärgerungen raus, Sie brauchen keine klebrigen Kamellen von gestern.

Das Leben ist so reich an Freude, vergeuden Sie nicht Ihre kostbare Zeit mit schlechten, alten Filmen im Kopf.

Wenn Sie es schaffen einem Menschen zu vergeben, schaffen Sie eine ganze Kaskade von weiteren Vergebungen, da dieses Prinzip ansteckend ist.

Die wichtigste Hilfsleiter in den Himmel ist die Vergebung. Wenn wir unser Unrecht einsehen und es Gott hin- und vortragen, so kommt Hilfe.

Im christlichen Sinne sprechen wir dann von Reue vor Gott.

Das ehrliche Bereuen oder Schämen um schlechte Taten, bringt Sie näher an Ihre Seelenbildung. Vorraussetzung dafür ist jedoch ein feines Gespür für Unrecht.

Das Spüren von Unrecht gehört zur größten Selbsterkenntnis, die es gibt.

Sie gewinnen dadurch die Einsicht um das Gute in der Welt.

Nach Hildegard von Bingen ist es eine göttliche Eigenschaft dem Menschen seine Schuld zu erlassen, wenn er bittend und einsichtig vor Sie hintritt und um Vergebung bittet.

Ein Mensch, der nicht verzeihen kann, bringt sich um sein Seelenheil.

Das heißt aber auch, dass Sie sich selbst heilen können, wenn Sie Gott darum bitten.

Was ist hierbei die Schwierigkeit, wo es doch so einfach aussieht?

Wenn der Mensch nicht an Gott glaubt, kann er Ihn nicht bitten, da es Gott für ihn ja gar nicht gibt.

Wenn keine Schuldeinsicht existiert braucht der Mensch ebenfalls keine Vergebung.

Der sichtbare Schmerz eines geliebten Mitmenschen, den wir selbst verursacht haben, lässt einen erkennen wie verkehrt wir gehandelt haben.

Wir brauchen diese Fehltritte, um zu spüren dass wir nicht vollkommen sind.

Da wir nicht perfekt sind brauchen wir Vergebung und Versöhnung.

Die größte Belastung des Menschen ist seine Un-Vollkommenheit und Unwissenheit in der Welt.

Unsere Unvollkommenheit ist eine Art Sollbruchstelle, eine emotionale Hürde, die das Miteinander erheblich erschwert.

Die Einsicht um unsere Schwächen nimmt den Dämonen den Wind aus den Segeln, weil sie uns damit nicht mehr drangsalieren können.

Aus dem Wissen, jeden Streit mit Versöhnung beilegen zu können, wachsen unsere Freundschaften immer mehr in die Tiefe.

Vergeben Sie sich vor allem selbst, für alles was Sie sich ständig vorwerfen.

Ob es nicht erreichte Ziele sind, oder Worte die Sie nicht gesagt haben, oder Dinge die Sie getan oder nicht getan haben.

Bitten Sie sich selbst und Gott um Vergebung und Hilfe für neue Wege in Ihrem Leben.

Die tiefsten Verletzungen, die wir erleiden mussten, stammen meist aus der Kindheit.

Vergeben Sie Ihrem Vater und Ihrer Mutter das, was sie Ihnen nicht geben haben und nicht sein konnten.

Danken Sie für das, was Sie bekommen haben.

Danken Sie allen, die ihre Unvollkommenheit an Ihnen ausgelassen oder gespiegelt haben, sie taten es aus Unwissenheit.

Unstetigkeit und Unzufriedenheit lässt Negatives schnell herausfließen, und schnell sind Worte und Taten im Raum, die besser zurückgehalten worden wären. Sehen Sie solche Schwächen als normal an.

Betrachten Sie die wahre Absicht Ihrer unschönen Handlungen und Sie bekommen eine Idee welche inneren Wünsche dahinter stehen.

Meist bringen uns emotionale Defizite aus der Ruhe.

Schauen Sie nach, was Sie wirklich in der Situation des Missmutes gebraucht hätten. Wo lag Ihre Bedürftigkeit?

Viele Ehestreitigkeiten beginnen mit dem eigentlichen Bedürfnis, mehr Achtung, Beachtung und Fürsorge zu bekommen.

Seien Sie großzügig zu Ihren Fehlern und zu denen Ihrer Mitmenschen. Diese Eigenschaft macht frei.

Nehmen Sie vieles leichter, tragen Sie alles vor Gott hin, oder bitten Sie Ihre Mitmenschen um Einsicht und Vergebung für unschöne Dinge.

Leben Sie leicht und frei. Alles, was schwer zu tragen ist, kann raus ans Licht - und dann ab in den Himmel damit.

Freuen Sie sich zu jeder Zeit, denn Gott lässt Zeiten der Bewährung zu, die zu meistern sind.

Machen Sie sich das Leben nicht selbst zur Hölle.

Der Glanz der Zuversicht

Die Zuversicht kennt den Weg nicht ganz genau, weiß aber wo das Ziel ist. Sie läuft der Angst davon, eine Emotion die uns nicht nähren will.

Die Zuversicht spürt mehr als das vordergründige Bühnenspiel. Sie schaut und ahnt, was auf den ersten Blick nicht zu sehen ist. Sie ist nicht blauäugig oder schwach, sie rechnet aber damit, dass von göttlicher Seite Hilfe kommen könnte, um das Blatt noch zu wenden.

Der Glaube und das Vertrauen an das Gute ist der Dünger der Zuversicht.

Die Sehnsucht nach einem guten Ausgang vertreibt das Grübeln und die Sorge.

So wie die Liebe glaubt die Zuversicht alles, hofft alles, ist langmütig und lässt sich nicht zum Zorn reizen.

Tiefe Sehnsucht lässt sich nicht vom Ziel abbringen, denn das Herz ist zu nah am Guten, das kommen soll.

Die Sehnsucht lässt sich nicht von Ihren bösen Erfahrungen leiten, sondern von Ihren guten Erwartungen!

Sie ist der Motor für viele große Taten, für das Anfangen von illusionär erscheinenden Dingen, die zu realen Möglichkeiten werden können.

Ein Mensch mit Zuversicht glaubt daran, dass es weitergehen kann, dass nichts bleiben muss, wie es ist.

Doch Zuversicht braucht Mut, um sich auf Unvermutetes einzustellen.

„Mit Gott Hand in Hand geht's weiter in neues Land" ist sprichwörtlich die gleiche Botschaft.

Seien Sie gespannt, was kommt. Erteilen Sie allen Trübsalbläsern eine Absage!

Gehen Sie aus dem Sumpf der Schwermut heraus, auch wenn die Stiefel darin stecken bleiben sollten. Sie werden neue, bessere Schuhe bekommen.

Wenn Ihnen eine Vision, ein Wunsch, oder ein Gedanke sehr wichtig ist, und er zu Ihrem Lebensplan gehört, behüten Sie ihn wie einen Schatz in Ihrem Herzen.

Hüten Sie Ihr inneres Geheimnis mit Gott und bitten Sie Ihn und die Engel aufrichtig um Führung.

Sie werden eine Ahnung haben, dass alles so kommt, wie es für Sie richtig sein wird.

Bleiben Sie bei sich und bleiben Sie Ihren positiven Prognosen treu.

Lassen Sie sich Ihre Hoffnung auf kommende Erfüllung nicht von anderen zerfleischen.

„Ihr sollt das Heilige nicht den Hunden geben, und eure
Perlen sollt Ihr nicht vor die Säue werfen, damit sie sie nicht
zertreten mit ihren Füßen und sich umwenden und Euch
zerreißen."
(Bibel: Matthäus 6.2)

Viele gute Ideen werden zerredet und zerrissen.

Glauben Sie stets an das Gute, das kommt und hüten Sie
sich vor negativen Einflüsterungen.

Die letzte Zuversicht bleibt die Hinwendung zum Tod.

Auch da können Sie darauf vertrauen, dass Sie mit offenen
Armen lachend und freudig in die Arme Gottes rennen.

Wer den Tod nicht fürchtet ist der Meister des Lebens!

„Tod, wo ist dein Stachel?" *(Bibel: 1. Korinther 15.55)*

Seien Sie sich immer gewiss, dass Gott auch in diesen
schwierigen Zeiten immer ein Auge auf Sie hat.

Hildegard von Bingen erzählt über viele verschiedene
Wohnstätten unfassbarer Freuden, die es im Himmel gibt.

Leider kann keinem Wesen, das mit einem Körper
beschwert ist, dieses Geheimnis enthüllt und eröffnet
werden.

Über die Reue und das Rufen um Hilfe zu Gott

Nach Hildegard von Bingen verspricht Gott folgendes den Menschen:

„Wenn du zu mir rufst, wirst du Antwort vernehmen, ich werde meine Wohnung in dir aufschlagen."

Die Verkehrtheit in uns lässt uns oft vor uns selbst erschrecken. Das, was wir manchmal Unschönes aus uns herausbringen, stößt uns häufig unsanft auf uns selbst zurück.

Niemand außer Jesus ist nur gut, und niemand ist nur schlecht. Jeder hat beides.

Alles Widerwärtige in Ihnen will transformiert werden.

Sie müssen das Böse kennen, um das Gute zu wollen.

Glauben Sie nicht, dass Sie immer nur gut sein können. Niemand außer Jesus kann das erreichen.

Registrieren Sie das Böse in der Welt, und natürlich auch das in Ihnen selbst.

Zunächst erforschen Sie Ihr inneres Bewusstsein:

- Was denke ich, gut oder böse?

- Was spreche ich, gut oder böse?

- Was tue ich, bzw. was tue ich nicht?

- Was hätte ich tun können?

Es gibt zunächst erst nur ein Hinschauen auf den eigenen Zustand, mit dem Sie zufrieden sind oder nicht.

Dieses Hinfühlen nannte man früher Gewissensbildung und ist eine Qualität des Herzens. Dieses Gefühl wird dort von Ihnen wahrgenommen.

Hildegard schreibt: „Die eigene Spiritualität sitzt in der Kraft deines Blutes und des Herzens!"

In der Hildegard-Heilkunde gibt es mindestens 35 Herzstärkungsmittel, eine Zahl, die die Wichtigkeit der Herzenergie bestätigt.

Nach Hildegard von Bingen ist die Natur des Menschen von Grund aus gut. Aber der Mensch zerstört seine eigene Natur nachteilig, indem er seinem Fleische erlaubt, ungehemmt zu sein, so wie es ihm gerade gefällt.

„Tut der Mensch mit bewusster Seele Böses, so ist dieses so bitter für die Seele, wie wenn der Leib wissentlich Gift nimmt. Doch über ein gutes Werk freut sich die Seele, wie der Leib sich an einer süßen Speise ergötzt."
(Hildegard von Bingen)

Sie brauchen also eine innere Instanz, die Ihnen sagt, was richtig oder falsch ist.

Diese innere Sprache kommt aus dem Bewusstsein und aus der Kraft Ihrer Seele. Die Seele kann sich also in Ihnen bemerkbar machen, genauso, wie Sie ihrerseits Kontakt mit ihr aufnehmen können.

Da die Seele immer mit der himmlischen Welt verbunden ist, kennt sie stets ihre innere Wahrheit. Man könnte sagen, sie ist Ihnen in Ihrer inneren Wahrheit immer einige Schritte voraus.

Sie brauchen also zur gelingenden Lebensführung den Kontakt zu Ihrem innersten Ratgeber, zum inneren Wissen.

„Die Einswerdung mit dem wahren Grund unseres Lebens ist der Weg in die innere Reife."
(G. Dürckheim)

Das Göttliche in Ihnen kennt das Gut oder Schlecht, das Falsch oder Richtig, sie brauchen nur zu spüren und ihr Inneres zu fragen.

Der Schrein des Herzens ist in Ihnen angelegt, um ihn als göttlichen Ratgeber kontaktieren und fühlen zu können.

Jede vollendete Tat und jedes gesprochene Wort wurde durch Ihre Seele schon vorher als richtig oder falsch gewusst.

Im Nachhinein ist der Mensch immer schlauer, da er erst dann das innere Ergebnis betrachten kann.

Das Streben nach dem Wissen davor verlangt den Austausch, das Gespräch mit der Seele und somit mit dem Göttlichen.

Das Gute siegt immer, also wäre dieser Weg immer der richtige.

Entscheidungen verlangen jedoch oft mehr von uns als dieses Wissen vom guten Weg, sie brauchen die innere Überzeugung!

Viele Seelenerfahrungen, die Sie bereits gemacht haben, können ihnen helfen, um weiterzukommen, aber genauso das Gefühl, das Ihnen ihr Herz vermittelt, bei dem was Sie sprechen oder tun.

Die innere Wahrheit kommt nur aus dieser Quelle.

Sie können ihre Mitmenschen um Rat fragen, aber die Entscheidung sollte mit voller Überzeugung aus ihrer eigenen Herzensenergie kommen.

Das bedeutet nicht, dass Sie immerwährend gut sein müssen. Es muss für Sie persönlich und im Angesicht Gottes, also vor Gott, richtig sein.

Treffen Sie Ihre Entscheidungen zusammen mit Gott, denn durch Ihre Seele sind Sie mit Ihm verbunden.

Da nicht-göttliche Einflüsse Sie täuschen können, werden Sie Fehlentscheidungen treffen. Doch Fehler können Sie durch Taten und Worte wieder korrigieren.

Fehlentscheidungen sind schmerzlich, wir tun alles, um sie zu vermeiden, denn es verletzt uns tief in unserem Inneren.

Den Sprung in ihrer eigenen Schüssel, der durch Schlechtes entstanden ist, können Sie durch das Ansprechen vor Gott wieder glätten.

Ein Fehltritt belastet die Seele wie ein Fleck auf dem weißen Hemd.

Doch Sie können sich mit Hilfe Gottes wieder reinwaschen.

Sie brauchen ein gutes Waschmittel um das Hemd wieder in Ordnung bringen zu können. Es gibt eines: Vergebung. Vergebung von Gott ist das Waschmittel für Körper und Seele.

Je sauberer Ihre Weste, umso freier und freudiger leben sie.

Das Eingestehen von Fehlern und die Bitte vor Gott um Führung ist bei Hildegard von Bingen die wichtigste Ersthandlung, um Besserung in allen Nöten zu erlangen.

Es scheint zu einfach zu sein, aber es ist so.

Durch die Reue vor Gott stellen Sie sämtliche innere Anfeindungen zurück und können für sich selbst noch einmal neu beginnen.

Seien Sie versichert, dass Reue und das Beten zu Gott Sie zur Selbstheilung auf Seelenebene und zu neuer körperlicher Kraft befähigt.

Hildegard schreibt:

„(…) denn wie sehr auch ein Mensch von schwerer Schuld beladen ist, wenn er sich mit seinen Sünden befasst, indem er seine Verfehlungen bitter beweint und das in ehrlicher Absicht tut, weil er mich zum Zorn herausgefordert hat, richte ich ihn vom Tod zur Rettung auf und verweigere ihm nicht das himmlische Erbe."

„(…) deshalb vernachlässige es niemand, das Heilmittel der Reue zu suchen, und wenn er es als körperlich Gesunder geringgeschätzt hat, soll er sich dennoch darum bemühen, es wenigstens noch am Ende seines Lebens zu finden und ich werde ihn zur Rettung aufnehmen."

Glauben Sie unbedingt daran, dass es so einfach ist!

Der Zweifel an göttlicher Vergebung ist der Fallstrick im Glauben.

Die Gottvergessenheit ist die Ursache vieler Misserfolge und Frustrationen. Gott hat sich nicht ins Jenseits verzogen, er ist hier und heute da, wenn Sie Ihn anfragen.

„(…) Wenn sie aber in ihrem Unglauben verharren, so dass sie in ihrer Verkehrtheit nie wieder zur Einsicht kommen, sondern mit verstocktem Herzen und zustimmender Seele, Gott vollkommen leugnen, indem sie bei sich so sprechen: „Was ist das was Gott genannt wird? Denn es gibt keinen Gott mit Barmherzigkeit oder Wahrheit, sodass er mir helfen wollte oder könnte." und so unbußfertig zweifeln, werden sie als Gotteslästerer erkannt und stehen somit nicht im Schutze Gottes."
(Hildegard von Bingen)

Können sie glauben, dass Gott über all Ihre Krankheiten, Unfertigkeiten und Bosheiten Macht hat? Genug um diese zu vertreiben?

Können Sie glauben, dass Sie gesund werden, wenn Sie Gott darum bitten und er es für Sie will?

Bitten müssen Sie ihn selbst!

Werfen Sie ihm alles hin, was Sie nicht selbst regeln können, mit dem Vertrauen, dass alles für Sie in Ordnung gebracht wird - so wie es Gottes Wille ist. Weil er besser weiß, was gut für Sie ist. Selbstaufgabe ist damit natürlich nicht gemeint.

Hildegard von Bingen schreibt: „Gott spricht: Wenn aber einer von Reue erfasst, mich aufrichtig gesucht hat, wird er mich finden, denn ich verwerfe niemanden, der mit lauterem Herzen zu mir zurückeilt."

Bleibe du selbst,
aber gehe nicht ab von Gott,
zweifle, schreie, klage,
aber bleibe mit ihm in Verbindung!

Indem Sie sich selbst und anderen vergeben, können Sie Ballast abwerfen. Sie erleichtern sich von unnötigem Gewicht, das Sie täglich mitschleppen müssen. Die Weste wird immer reiner und Ihre Sicht klarer.

Vergeben Sie, damit Sie sich selbst wohler fühlen, damit das Leben leichter wird - für Sie und für die anderen.

Das Nachtragen von Gewesenem verbraucht zu viel Energie, bringt Groll und damit keine guten Ergebnisse. Groll ist alter Zorn aus der Vergangenheit, den wir in die Gegenwart mitschleppen. Meistens schaden wir uns selbst damit, und den Menschen, die wir am meisten lieben.

Ein vergangener Streit muss von beiden Seiten beigelegt werden, doch der Groll sucht den Fehler immer beim anderen.

Verzichten Sie auf alte Schuldzuweisungen. Machen Sie sich frei für gute Gedanken, die Ihr Leben beflügeln.

Zorn auf andere wird immer zum Selbstangriff - lassen Sie ihn los.

Liebe den Menschen, aber hasse den Fehler!

Lieben Sie hinter jedem Fehler auf jeden Fall den Menschen der ihn begangen hat. Schauen Sie seine Verfehlung an, schimpfen Sie ruhig darüber, aber versuchen Sie seine Seele weiter zu lieben.

Lieben Sie die Menschen, so wie sie sind, es gibt keine anderen.

Das innere Hindurchstrahlen göttlicher Existenz

In Gesprächen mit jungen Menschen habe ich eine starke Sehnsucht nach übergeordnetem Schutz, Fürsorge und Stärke erfahren.

Diese Menschen suchen nach einem Idol für Ihren eigenen Lebensweg. Sie merken, dass sie immer weniger Halt in der Welt finden und spüren Sinn im großen Ganzen.

Sie versuchen, in sozialen Netzwerken ihre eigene innere Qualität zu finden.

Das gute Miteinander gewinnt an Gewicht, so wie das grenzenlose Vertrauen in gute Absichten. Die Suche nach positiver Stimmung ist größer, als man vermuten würde.

Begebenheiten, in denen sehr starke Emotionen empfunden werden, sind beliebt und werden am häufigsten ausgetauscht.

Moralische Bevormundung stößt dagegen auf wenig Resonanz, sondern eher das gute Beispiel, oder die beispielhafte gute Tat.

Kreative, lebendig erscheinende Menschen, die mit ihrer Vielfalt und Inspirationskraft in Erscheinung treten und das innere Heiligtum in anderen wecken, sind im Netz Helden. Innere Strahlkraft und eine geheimnisvolle Erscheinung mit Visionscharakter scheinen dort mehr wert zu sein als Geld.

Offenbar finden Menschen hier genau das, was sie seit einiger Zeit verloren haben. Mit Geld und Besitz kann hier nichts erkauft werden.

Es geht hier vielmehr um innere Werte, um Seeleneigenschaften, die durch die große Schule der Tugenden und Laster erprobt und gelernt werden könnten.

Der esoterische Markt boomt, weil die Suche nach Sinnhaftigkeit wächst.

Sich hierbei mit niederen, nicht göttlichen Energien zu beschäftigen, ist leider sehr wahrscheinlich und gefährlich, da das Angebot in diesem Bereich ebenfalls vielfältig ist und die Unterscheidung der Geister große Achtsamkeit verlangt.

Die Selbsterlösung, in der der Mensch aus eigenem Wissen und Können alles richtig machen soll, steht dabei hoch im Kurs.

Der persönliche Psychotherapeut, oder der persönliche Lebensberater, wird immer mehr zu einem notwendigen Lebenshelfer, der durch Schwierigkeiten hindurchführen kann.

Schöpfen Sie aus Ihrer eigenen inneren Quelle, versuchen Sie sich selbst aus den Tugenden heraus zu definieren und erkennen Sie in den Lastern Ihre Lernfelder.

Suchen Sie Schutz, Fürsorge und Stärke, indem Sie nach den göttlichen Kräften Ausschau halten.
Beschäftigen Sie sich mit den Worten Jesus Christi, der uns gezeigt hat, wie das Leben geht!

Bleiben Sie standhaft in Ihren guten Absichten und werden Sie zum heimlichen Vorbild anderer.

Machen Sie nicht viele Worte, lassen Sie Taten sprechen.

Werden Sie selbst zum Beschützer, zum Fürsorgenden und zur strahlenden Erscheinung.

Aus Ihrem Funktionskörper wird ein Leib mit göttlicher Strahlkraft, genau das, was die Menschen heute suchen.

Machen Sie den Alltag zu Ihrem täglichen Trainingsfeld positiver Techniken. Überprüfen Sie hin und wieder, ob in allem was Sie tun oder sprechen Ihre göttliche Strahlkraft im Einsatz ist!

Wenn der Minirock zu kurz ist, das Lachen zu laut, der Geiz zu erdrückend, die Lüge zu groß, der Neid zu vernichtend, gibt es für den Menschen noch Möglichkeiten zu wachsen.

Affirmieren Sie positive Worte und Gedanken, bleiben Sie aktiv in einer Art rosaroten Wolke, die liebende Energie und Wohlwollen verstreut.

Die Belohnung folgt in der Anziehung von Menschen, die das Gleiche suchen wie Sie.

Sie werden immer mehr Mitmenschen mit Tiefgang und innerem Wissen begegnen, und manchmal glauben, es gäbe nur diese.

Zwischen Weltschmerz und Hochstimmung

Der Weltschmerz ist ein Laster, welches besonders dann zum Vorschein kommt, wenn negative Kräfte und Erfahrungen einen Menschen förmlich verschlungen haben.

So ein Mensch sieht nur das Schlechte, die Pein und die Sorgen, die das Leben mit sich bringt. Die Hoffnung und die Freude sind ihm abhanden gekommen.

An die ewige himmlische Heimat kann er kaum noch glauben, die Erde erscheint diesem Menschen als ein Jammertal. Es gibt nichts mehr, was ihn an einen gütigen Gott glauben lässt. Er wünscht sich er wäre nie geboren und Jammern ist sein Tagesgeschäft. Er hadert mit Gott und klagt ihn an:

"Weh mir, dass ich geboren bin, was für ein Leben? Wer wird mir helfen? Wer wird mich erfreuen? Wenn Gott mich kennen würde, würde er mich doch nicht in so eine Not schicken. Es hat mir nichts Gutes eingebracht, dass ich mein Vertrauen auf Gott setzte. Selbst wenn ich mich an Ihm erfreue, nimmt er mir nicht dieses Übel weg. Mir hat Gott alles in allem nichts Gutes getan. Wenn Gott für mich ist, warum verbirgt er seine Gnade vor mir?"
(Hildegard von Bingen: Heilen mit der Kraft der Seele)

In dieser Aussage wird Gott gelästert und missachtet.

In jeder Missachtung und Verneinung Gottes entfernen Sie sich selbst von Gott, denn er drängt sich nicht auf, er ist ein stolzer Gott. Doch Gott missfällt so eine Haltung sehr, er erwartet Dankbarkeit und Freude an seiner Schöpfung.

Selbst in der größten Traurigkeit kann der Mensch noch das Glück finden.

Gutes, fröhliches, aufmunterndes Verhalten zieht Positives an, so wie auch negative Gedanken und negatives Verhalten negative Kräfte anlocken.

Hüten Sie sich vor Trübsinn und Weltuntergangsstimmung, fliehen Sie davor und suchen Sie sogleich die Tugenden der Fröhlichkeit, der Zuversicht und der Freude.

Hochstimmung, himmlische Freude und Glückseligkeit vertreiben die dämonischen unglücksbringenden Geister. Versuchen Sie mit aller Kraft im optimistischen Fahrwasser zu bleiben, nähren Sie sich mit positiven Gedanken und Affirmationen.

Gott hat Sie als strahlenden Menschen geschaffen. Überprüfen Sie gelegentlich, bei welchen Gelegenheiten Ihnen Ihre Strahlkraft abhanden kommt.

Vom Geiz

Der beste Dünger für Weltschmerz und für Schwermut ist der Geiz.

Der Geiz sucht, nach Hildegard von Bingen, besonders die Menschen im höheren Alter heim. Der Geizige kann sich nichts gönnen und fällt dadurch selbst in eine tiefe, selbst geschaffene Traurigkeit.

Wie viele wohlhabende Menschen kennen Sie, die im Grunde Ihres Herzens geizig sind? Doch sind sie zufrieden? Es verhält sich genau andersherum: Wer loslassen kann, gewinnt.

Die Selbstbehinderung Freude an irdischen Dingen zu empfinden, hat ihre Ursache im inneren Geiz.

Lassen Sie immer wieder etwas aus Ihrem Geldbeutel los, um sich und anderen Unbeschwertheit und Leichtigkeit am Sein zu gönnen.

Die Angst vor Geldverlust schmälert die Hochstimmung!

Großzügigkeit und Freigebigkeit verlangt Vertrauen, dass Ihnen auch zur rechten Zeit gegeben wird, was Sie benötigen.

Verschenken Sie großzügig, was Sie nicht brauchen.

Laden Sie Menschen ein, die geizig sind, damit Sie im freudigen Empfangen selbst erfahren, wie schön es ist, zu geben.

Was bringt Heilung?

Gesundheit beginnt mit innerem Frieden.

Heilung geschieht durch das Verlieren der inneren Angst.

Wer alle Energie darauf lenken kann, zu lieben und anderen zu helfen, wird innere Heilung erfahren.

Vertreiben Sie Ihre Angst, oder gehen Sie an ihr vorbei, suchen Sie in jeder Lebenslage nach der Liebe, denn die Liebe vertreibt die Angst.

Vermeiden Sie es, in anderen Menschen Feindbilder aufzubauen und verurteilen Sie nicht, denn damit ziehen Sie unkalkulierbare negative Energien an. Wenn Sie Feindbilder aufbauen und sich isolieren sind Sie angreifbar für Angst und negative Energien, die Ihren Seelenauftrag stören können.

Sind Sie wachsam, Einflüsterer negativer Gedanken stehen manchmal bildlich neben Ihnen und versuchen Eintritt in Ihr Inneres zu bekommen.

Unser größtes Lebensziel ist es, geistigen Frieden zu erlangen. Das wird Ihnen nur gelingen, indem Sie stets Frieden suchen und halten.

Prüfen Sie immer wieder, ob Ihr Geist in Frieden ist.

Wenn Sie bemerken, dass etwas Ihren inneren Frieden stört, schauen Sie nach, was das ist.

Wenn Sie dem Frieden Gottes die höchste Priorität einräumen, wird Ihnen daraus nur Gutes widerfahren.

Gesundheit und Heilung geschehen unbedingt durch das Loslassen von Angst. Indem Sie Ihre eigene göttliche Energie in Ihnen selbst finden, fördern Sie Ihre innwendige Kraft und Heilung.

Heilung ist das Wissen darum, dass Gott siegt und nur seine göttliche Gnade und sein Wille uns Gesundheit schenken kann.

Heilung bedeutet zu wissen, dass es keinen Tod gibt sondern ewiges Leben.

Heilung bedeutet, den Tod zu lieben und zu respektieren, wie auch das Wissen darum, dass er uns nichts nimmt, sondern mit uns weitergeht. Er ist unser dauernder Begleiter, der uns eines Tages in unsere zukünftige Heimat zurückgeleiten wird.

Sie sind nicht nur Körper, sondern auch Geist und Seele, und von Gott geschickt. Glauben Sie daran, dass Sie Gott durch jede Krankheit hindurch führt.

Heilung vertraut auf die Richtigkeit der Dinge: Auf die liebevolle, gut gemeinte Führung Gottes, und dass alles zu meinem Wohle dient.

Üben Sie sich täglich im Hinhorchen auf die göttliche Stimme, die Ihnen sagt was gut und richtig für Sie ist. Gehen Sie nach Ihrem guten Gefühl, es wird Ihnen sagen, ob es im Sinne Gottes ist, was Sie tun.

Manche Erkrankungen lassen Ihnen nur zwei Möglichkeiten: Den Tod oder Heilung.

Rechnen Sie mit dem Tod, aber gehen Sie zielstrebig und freudig den Weg der Heilung entlang.

Falls Sie nicht sterben sollten, hat Gott noch Großes mit Ihnen vor. Ansonsten erleben Sie die Gnade des nach Hause Gehens, was im Sinne Gottes noch großzügiger wäre, als die Heilung selbst.

Überlegen Sie im Falle einer geglückten Heilung, was Sie auf diesem Erdball noch zu erledigen haben, was dem Göttlichen oder Ihrer Seele noch dienen könnte.

Bleiben Sie in Ihrem inneren Frieden und in Freude, auch wenn es noch so dick kommen sollte, denn nur der Friede und die Freude bringen Heilung, nicht der Zorn, die Wut oder die Angst.

Bleiben Sie bei sich und im Bewusstsein der Grösse Gottes, bergen Sie sich unter seinem schützenden Flügel. Verlassen Sie sich auf die Führung Gottes, er wird Sie hindurch geleiten, entweder durch Lernprozesse oder zurück ins ewige Leben, zurück in Ihr zu Hause, das Sie bei Ihrer Geburt verlassen mussten.

Freuen Sie sich täglich auf Ihren Heimgang, denn diese
Freude bringt Souveränität und Heilung.

Glauben Sie, dass der Tod es gnädig mit Ihnen meint und
sanft auf Sie zukommt, wenn es soweit ist.

Freuen Sie sich auf die Begegnung mit den Seelen, die schon
vor Ihnen gegangen sind. Sie werden dort freudig
empfangen werden und nichts vermissen, was Ihnen auf der
Erde wichtig war.

Bleiben Sie stets in der Zuversicht, in die göttliche Wohnung
heimzukehren, wo Sie eine Freude erwartet, die Sie nur
selten auf der Erde spüren konnten.

Mit dieser Gewissheit nehmen Sie den Tod weniger ernst
und freuen sich auf jeden Tag, der Ihnen noch geschenkt
wird.

Denken Sie daran, jeder Tag könnte der letzte sein. Was
würden Sie dann tun, welche Entscheidungen würden Sie
dann treffen?

Ihr Ziel ist immer Gott!

Suchen Sie ihn und bleiben Sie dran, es lohnt sich, um den
störenden inneren Angstprogrammen zu entfliehen.

Lieben Sie sich selbst, so wie Sie Gott lieben, und lieben Sie alles, was er Ihnen zumutet, denn er weiß um ihre Kraft und Stärke.

Lassen Sie sich in und durch jede Versuchung hindurchführen, ohne Angst und Selbstzweifel, das bringt Stärke, Frieden und schlussendlich Heilung.

Heilung bedeutet zu wissen, dass es keinen Tod gibt, sondern ewiges Leben.

Krankheit und auch der Tod gehen mit uns, immer weiter in neue Bereiche, die uns nichts vorenthalten, sondern unser Bewusstsein weiterentwickeln, so wie es für uns richtig ist.

Der Tod ist unser dauernder Begleiter, der uns eines Tages in unsere zukünftige Heimat zurückgeleiten wird.

Kleine Philosophie über den Tod

Rational wissen wir natürlich, dass es den Tod gibt, und dass er irgendwann unser Leben beenden wird.

Doch spürbar wird der Tod für uns erst, wenn Freunde oder Menschen aus der Familie sich für immer verabschieden.

Sie entgleiten uns, auch wenn der stoffliche Körper noch vor uns liegt. Unsere eigene innere Ohnmacht wird uns um die Ohren gehauen. Der tiefe Schmerz des Verlustes kann von uns kaum gefasst werden und muss in Jahren häppchenweise durchlebt werden.

Zwar ist der Tod in den Medien allgegenwärtig. Doch Kriegsfilme und Krimis verschleiern die eigentliche Realität des Todes, da er hier vollkommen abstrakt bleibt.

Bei Chips und Snacks wird der Tod Teil des täglichen Feierabendprogramms. Die Emotion bleibt auf der Strecke.

Kein Wunder, wenn der Hammerschlag der Realität von schwerer Krankheit, Sterben und Tod unvorbereitet in uns hineingreift.

Es gibt dann kaum spontane Lebenshilfen zur Bewältigung der inneren Ereignisse. Schnell wird zu Psychopharmaka gegriffen, da diese zunächst die einzige verlässliche Hilfe zu sein scheinen.

Doch Medikamente decken Ihre Seelenempfindungen zu und ersticken sie, so als ob Sie den Stecker aus Ihrem Emotionsfeld herausziehen würden.

Umnebelt und fremdbestimmt durchlaufen Sie den göttlichen Heimgang Ihrer liebsten Weggefährten.

Sollten wir uns nicht besser auf die unausweichliche Lebenssituation Sterben und Tod vorbereiten?

Nehmen Sie den Tod als Freund, als ständigen Begleiter und Ratgeber und er verliert seinen Schrecken!

Sprechen Sie täglich mit dem Tod, sprechen Sie in Dankbarkeit für das wertvolle Leben, das Sie leben durften.

Denken Sie daran, dass Sie jeden Menschen in Sekundenschnelle verlieren könnten.
Der eigentliche Verlust vollzieht sich jedoch nur auf der sichtbaren stofflichen, nicht auf der seelischen Ebene.

Die Seele bleibt, und das kann uns wirkliche Tröstung geben.

Hildegard von Bingen schrieb: „Der Winter trocknet nämlich aus, der Sommer aber blüht. Doch trotzdem erhält der Winter dem Sommer seine Grünkraft, bis er reichlich seine Triebe hervorbringt. So verhält es sich mit Leib und Seele. Der Leib vergeht, die Seele aber weilt im unvergänglichen Leben, auf welcher Seite auch immer sie sich befinden mag."
(Hildegard von Bingen: Briefe)

Der Tag und die Stunde des Heimganges bleiben allein im göttlichen Wissen.

Wir sollten deshalb unser Haupt salben und freudig und dankbar leben, bis Gott uns den neuen Weg zeigt. Lassen Sie es sich gut gehen, in Dankbarkeit für das Gute, die Plagen kommen von alleine. Selbst dann sollten Sie heiter bleiben so lange wie es Ihnen möglich ist.

Im eigentlichen Sinne ist das Sterben unserer Mitmenschen nur ein Vorausgehen in Gefilde, die wir zwar kennen, aber an die wir uns nicht zu erinnern vermögen.

Die Fähigkeit sich dem Leben zu stellen wächst mit der Akzeptanz des Todes oder unserer eigenen Endlichkeit.

Fragen Sie sich daher, was Sie in Ihrem Leben tun würden, wenn Sie nur noch begrenzt zu leben hätten.

Mancher Streit und mancher Kampf bliebe sicher unausgefochten und wiche dem inneren Frieden.

Der häufigste Wunsch Sterbender ist, vollkommenen Frieden zu machen, vor allem im Bereich der Familie.

Dinge, die im Bösen getan und gesagt wurden, wünscht der Sterbende rückgängig machen zu können.

Im Angesicht des Todes gibt es keine Rechthaberei, keinen Hochmut und keine Schacherei, denn es wird offensichtlich, dass man nichts, aber auch gar nichts mitnehmen kann.

Im Volksmund gibt es die Redewendung: „Das letzte Hemd hat keine Taschen." Wie wird uns das bewusst, wenn wir den Nachlass eines Familienmitgliedes auflösen müssen. Vieles Überflüssige wird den Hinterbliebenen zur Last und es bereitet ihnen viel inneren Schmerz, wertvolle Dinge in den Container werfen zu müssen, da Sie selbst keine Verwendung oder keinen Platz mehr dafür haben.

Konzentrieren Sie sich deshalb auf Dinge, die Sie wirklich brauchen und die Ihnen mehr Freude als Last bedeuten. Verschenken Sie großzügig das, was Sie nicht mehr brauchen - an die, die es dankbar annehmen.

Werden Sie nicht zum Geizhals. Es bringt Ihnen außer negativen Energien keine Freude und auch keine Leichtigkeit.

Enge, Verbitterung, Neid, Angst, sowie Einsamkeit sind die Freunde des Geizes.

Sind Sie großzügig mit sich und den anderen und Sie können auf ein zufriedenes Leben zurückschauen.

Ein richtig gelebtes Leben mit Prüfungen, aber auch mit großen Freuden, erleichtert das Sterben und das Loslassen in den Tod hinein.

Wenn Sie bereits älter sein sollten, dann versuchen Sie den jungen Menschen Gottes Werte weiterzugeben.

Erzählen Sie ihnen auf was es wirklich ankommt. Sprechen Sie mit Ihnen über Ihre Gedanken und über den Tod. Das bringt beide Seiten in die unmittelbare Wirklichkeit und in Verbundenheit zueinander.

Jammern Sie so wenig wie möglich, aber erzählen Sie davon, wie knapp und wertvoll die Zeit wird, wenn man älter wird.

Berichten Sie den Jungen, dass das Gute stets siegt.
Erzählen Sie von Fügungen in Ihrem Leben, über Ihre
innere Dankbarkeit, über lustige, freudige Begebenheiten.

Im Angesicht des Sterbens sollten Sie unbedingt an den
göttlichen Plan und an die Führung auf dem letzten Weg,
zum Heimgang, glauben.

Denken Sie daran, dass alles gut werden wird, denken Sie an
das große Ganze, an alle die vor Ihnen gegangen sind, das
wird Ihnen helfen.
Freuen Sie sich auf ein Wiedersehen im Himmel, lassen Sie
Weltschmerz, Enge und Stagnation hinter sich, gehen Sie
weiter, üben Sie das innere freudige Loslassen.
Üben Sie das Alleinsein in der Stille und nehmen Sie
Kontakt mit den Seelen auf, die vorausgegangen sind. Sie
werden Antwort bekommen.

Das bloße Dasein, in gelassener liebevoller Bereitschaft ins
Ungewisse loszugehen und alles zurückzulassen, ist das
Größte, was wir hier auf dieser Erde leisten.

Der Tod scheint leicht zu sein, wie es Menschen mit Nahtoderfahrungen berichten. Haben Sie also keine Angst. Kosten Sie den Geschmack der Ewigkeit, indem Sie schon zu gesunden Lebzeiten beginnen, nicht nur den stofflichen Körper als Zentrum der Aufmerksamkeit herzunehmen, sondern genauso den seelischen Bereich.

Üben Sie Hingabe an das, was Sie innerlich erweckt, erleuchtet und antreibt, wo Kampf und Krampf ein Ende haben.

Beschäftigen Sie sich mit der Ewigkeit, spüren Sie die zeitlose Stille, die schon immer da war und immer sein wird. Fühlen Sie, wie Sie selbst diese Stille mit Ihrer eigenen Unruhe stören und durchbrechen.
Versuchen Sie mehrmals am Tag diese Stille zu spüren. Nehmen Sie die Unterbrechungen wahr, aber bleiben Sie in Ihrer eigenen inneren und äußeren Stille.
Fühlen Sie sich immer mehr selbst und fühlen Sie Gott. Verbinden Sie Ihr göttliches Licht mit dem großen Licht Gottes.
Bleiben Sie in Ihm so wie er in Ihnen bleibt. Sie werden mit der Zeit eine innere Glückseligkeit empfinden, die Sie nie mehr hergeben möchten.
Versuchen Sie dann diese Stille und dieses Licht Gottes in Ihren Mitmenschen zu finden und zu spüren. Zuerst in den Menschen, die Sie sehr gerne mögen, oder lieben. Dann gehen Sie einen Schritt weiter und probieren es mit den Menschen, die Ihnen etwas weniger bedeuten.

So kommen Sie immer mehr in das Fahrwasser der neutralen ewigen inneren Liebe, die Ihnen hilft auch den Tod lieben zu lernen.

Tod wo ist dein Stachel? Erst wenn der Tod seinen giftigen Stachel verliert, dann beginnt das richtige Leben, ohne Furcht und Angst. Wer an den Tod als Erlöser glaubt, gewinnt ihn zum Freund und respektiert ihn.

Zuweilen leben Menschen in so großer Not, dass sie andere Menschen um die selige Heimkehr beneiden. Dort, wo Leid und Schrecken ohne Grenzen walten, wird der Tod zum Erlöser. In solchen Situationen, wie zum Beispiel Krieg, erkennt der Mensch die Gnade, mit dem Tod ein Ende aller Qualen zu finden.

Schon Nostradamus sagte: "Wenn der Mensch einmal nicht mehr sterben kann, dann ist er wirklich verloren."

Üben Sie immer offen und wahrhaftig zu bleiben, denn das sind die Disziplinen des Sterbens. Je besser Ihnen dies zu Lebzeiten gelingt, desto leichter wird Ihnen der Übergang fallen.

Lassen Sie sich stets in Glauben und Vertrauen führen. Werden Sie vom Macher zum Geführten und versuchen Sie, mit den Ihren von Gott gegebenen Möglichkeiten, glücklich und zufrieden zu sein.

Gehen Sie immer nur die Schritte weiter, die Ihnen aufgezeigt werden und die möglich sind.

Hören Sie auf die Stimme des Hier und Jetzt. Schauen Sie genau hin, wie die einzelnen Sachverhalte auf Sie zukommen. Hören Sie darauf, was Ihnen die Situation selbst sagt, was Sie spüren, und nicht unbedingt darauf, wie andere Menschen darüber urteilen.

In der alltäglichen Tat spüren Sie die innere Weisheit.

Sehen Sie die Welt als einen Ort der Möglichkeiten.

Auch auf dem Weg von Krankheit und Sterben ist es hilfreich, allein nur den jetzigen Tag zu leben, in seinen heutigen Möglichkeiten weiterzugehen und als Geführter vertrauensvoll und hingebungsvoll das Beste zu leben, was Ihnen möglich ist.

Bleiben Sie immer in der Gegenwart, die Zukunft kommt von alleine.

Bleiben Sie in und bei sich. Sprechen und beten Sie mit Gott, immer wann es Ihnen möglich ist.

Wenn Sie müde oder freudlos in Ihren Taten geworden sind, oder wenn sich in Ihnen die Sinnlosigkeit des Daseins ausgebreitet hat, dann stellen Sie sich vor, dass Sie das alles für Gott tun.

Wenn Sie den Menschen nichts mehr geben können, weil Sie vielleicht zu sehr enttäuscht worden sind, dann tun Sie es innerlich für Gott, um Ihm eine Freude zu bereiten, indem Sie Gutes in die Welt bringen.

Viele Menschen, die bis ins hohe Alter an Ihrer Spiritualität festgehalten haben, leben in der Gewissheit der Gegenwart

Gottes. Ohne diesen Zustand wäre ihnen ein Leben nur schwer möglich.

Wer mit Gott lebt, kann auch mit Gott sterben.

Leben Sie in jeder Sekunde im oder vor dem Angesicht Gottes und es wird alles gut werden.

Im Angesicht des Todes soll der Mensch seine Seele befreien, indem er alles Schwerwiegende einem Priester oder einem Menschen seiner Wahl darbringt. Falls dies in Reue und innerer Erkenntnis passiert, ist die Seele vor Gott frei und kann

„die Flügel ihrer Einsicht ausbreiten und sich zum Weggehen rüsten."

(Hildegard von Bingen).

Die Seele ist also jederzeit bereit in die Ewigkeit zurückzugehen, wenn sie von Gott dazu aufgefordert wird.

Wenn einem Menschen keine innere Erkenntnis mehr zufließen kann, wenn also die Seele einen gewissen Entwicklungsstand erreicht hat, darf die Seele sich anschicken den Körper zu verlassen, sofern es Gottes Wille ist.

Bei der inneren und äußeren Weiterentwicklung sollte man immer vorwärtsschauen und niemals zurück.

Umgeben Sie sich mit Menschen, die Ihren inneren Entwicklungsstand verstehen und meiden Sie Menschen, die Sie seelisch erniedrigen und demütigen wollen.

Stagniert die Seelenentwicklung, oder entwickelt die Seele sich gar rückwärts, kann sich dies in Krankheit äußern, um ein Signal zu senden und der Seele in ihrer Transformation weiterzuhelfen.

Sehen Sie Krankheit oder den Tod nicht als Bestrafung, sondern als persönlichen Lehrmeister, um Neues lernen zu können.

Bleiben Sie in der Stunde von schwerer Krankheit und Tod in voller Zuversicht, Vertrauen und Hoffnung auf das, was kommen mag.

Vielleicht kennen Sie den Liedtext von Dietrich Bonhoeffer:
„Von guten Mächten wunderbar geborgen, erwarten wir getrost was kommen mag. Gott ist mit uns am Abend und am Morgen und ganz gewiss an jedem neuen Tag."
Oder auch das Lied:
„Wir sind nur Gast auf Erden und wandern ohne Ruh, mit mancherlei Beschwerden der ewigen Heimat zu. Die Wege sind verlassen, und oft sind wir allein. In diesen grauen Gassen will niemand bei uns sein. Nur einer gibt Geleite das ist der Herre Christ."
(Liedtext von Georg Thurmair).

So wie wir in und durch den Tod geführt werden, geschieht es ebenso zu Lebzeiten.

Üben Sie sich im Geführtwerden. Lassen Sie sich immer öfter durch die Sprache der Situation und durch Ihr inneres gutes Gefühl führen und leiten. Entscheiden Sie aus der jeweiligen Situation heraus, was für Sie richtig oder falsch ist. Es ist auch in der sprichwörtlich letzten Sekunde nie zu spät eine andere Wahl zu treffen.

Nehmen Sie Gott immer innerlich mit und entscheiden Sie mit ihm zusammen. Sie werden seine Kraft und Weisheit spüren, wenn es soweit ist. Wenn bestimmte Dinge nicht funktionieren wollen, so glauben Sie auch dann, dass dies der göttliche Wille ist!

Wenn Sie dies zu Lebzeiten praktizieren, wird es Ihnen nicht schwer fallen an die sichere, verantwortungsvolle Heimführung zu glauben, wenn es an der Zeit ist.

Von der Einsamkeit

Einsamkeit wird als tiefer Schmerz empfunden, wenn man erkennt, dass man keine Situation, keinen Menschen und kein Ding auf gewollte Zeit, oder auf alle Zeiten, festhalten kann.

Alles, was als außerhalb von uns wahrgenommen wird, erscheint dann als Film, in dem wir scheinbar teilnahmslos mitspielen, oder dem wir zusehen.

Einsamkeit ist bitter, wenn man den Eindruck hat, man sitzt im Lebenskino alleine vor der Leinwand.

Einsamkeit erfolgt dann, wenn der Mensch seelisch, d.h. innerlich, nicht mehr berührt wird, weder von Menschen noch von Dingen noch von Gott.

Wenn sich das Gefühl breitmacht, nicht mehr verstanden zu werden, lebt es sich einsam, selbst wenn Menschen um Sie sind.

Wenn Sie merken, dass Sie sich einsam fühlen, obwohl Sie nicht alleine sind, ist es vielleicht Zeit für eine Lebenskorrektur.

Den tiefen Sinn des Lebens in sich selbst zu finden und die tiefe Sehnsucht nach innerer Liebe und Verständnis sich selbst zu geben, wäre das Heilen von Einsamkeit.

Kein Mensch kann dies dauerhaft und selbstverständlich von sich erwarten.

Vor allem älteren und kranken Menschen wird irgendwann bewusst, dass es außer der Schöpfung und der Führung Gottes kein Mittel gegen Einsamkeit gibt. Der innere

Unterhalter und Gesprächspartner bleibt für immer. Das innere Zwiegespräch versiegt nie.

In der freien Natur fühlen wir uns weniger einsam, da wir dort oft erahnen können, dass es etwas gibt, das uns nährt und erhält.

Wer nur auf leblose äußere Formen vertraut, wird innerlich genauso leblos und starr.

Die Lebendigkeit lässt die Einsamkeit vor der Tür.

Ihre eigene innere Bewegtheit spüren Sie besser, indem Sie lernen, Ihre Sinnesorgane aufmerksam einzusetzen und mit ihnen Ihr inneres Potential zu erkunden.

Wer erkennt wie innerlich reich er ist, braucht Stille und Ruhe, um sein inneres Mysterium zu begreifen - und ist niemals einsam, weil er dazu gar keine Zeit hat.

Jeder Mensch birgt einen Schatz an innerem Reichtum, Wissen und Möglichkeiten, der gehoben werden will. Die Einsamkeit hat noch nicht davon gehört.

Die Lösung ist auch hier ähnlich, wie schon vorher erwähnt: Suchen Sie in sich selbst nach Unterhaltung und Zufriedenheit, nach Freude und Glückseligkeit.

In der Hilfsbereitschaft gegenüber anderen Menschen schleicht sich die Einsamkeit davon.

Suchen Sie nach Menschen, die Ihre Hilfe und Unterstützung gebrauchen können. Sie werden sich vor Einladungen nicht mehr retten können.

Dennoch brauchen Sie in der tiefen Nacht der einsamen Stunden immer noch den inneren Halt an etwas, das größer ist als Sie selbst.

Also üben Sie das Beten, wenn Sie sich alleine und hilflos fühlen. Üben Sie sich in der Dankbarkeit für alles, was Ihnen Gutes widerfahren ist.

Malen Sie sich die schönsten Dinge aus, die Sie noch erleben möchten und fangen Sie gleich an, diese zu verwirklichen.
Machen Sie den Menschen um sich herum Freude, so viel, wie Ihnen möglich ist - und Einsamkeit war gestern.
Es ist auch hier wie immer: Die Tugenden bringen Heilung!
Üben Sie sich in den inneren positiven Haltungen.
Kämpfen Sie darum, dass Sie ein positives Leben führen können.
Lassen Sie alles Negative, Herunterziehende zurück.

Bleiben Sie heiter, beschwingt und lässig, voller Liebe und Freude und Glückseligkeit, in Dankbarkeit für Ihr Leben, in hoffnungsvoller Hingabe für Gott und in Gewissheit eines sanften Hinübergleitens in die ewige Heimat.

Vielen Dank,

dass Sie mein Buch gelesen haben, ich freue mich darüber, wenn es in Ihnen etwas entzündet hat, das Sie wieder ein Stück weiterbringt!

In voller Hochachtung und Verbundenheit

Ihre Margit Graf-Classen

Anhang

Zitate aus:
Hildegard von Bingen: Ursachen und Behandlung der Krankheiten (6. Aufl., 1990) Hrsg.: Basler Hildegard-Gesellschaft

Von der Eingießung der Seele
Dann naht sich, wie Gott will und, daß es geschehen soll, beschlossen hat, der Lebenshauch und berührt jenes Gebilde ohne Vorwissen der Mutter wie ein starker, warmer Wind, wie ein Wind, der tönend gegen eine Wand bläst, und ergießt und heftet sich ein in alle Gelenke der Glieder jenes Gebildes. Dadurch werden alle einzelnen Gliedmaßen desselben Gebildes allmählich so voneinander losgelöst, wie in der Sonnenwärme die Blumen sich entfalten. Noch aber ist in dem Gebilde eine solche Schwäche, dass es sich nicht bewegen kann, sondern es liegt da wie schlafend und atmet kaum. Und der Lebensgeist durchdringt das ganze Gebilde, erfüllt es überall und festigt es in Mark und Gefäßen, so dass es jetzt mehr wächst, wie es zuvor tat, bis die Knochen über das Mark hin ausgebreitet und die Gefäße so kräftig werden, dass sie das Blut halten können. Jetzt bewegt sich das Kind, und die Mutter fühlt es, wie wenn es einen plötzlichen Anstoß erhielte, und von da ab bleibt es ständig in Bewegung. Denn der lebendige Wind, der die Seele ist, tritt, wie vorhergesagt, nach dem Willen des allmächtigen Gottes in das Gebilde ein.
(S. 101)

Von der Trauer und vom Zorn

Wenn aber die Seele des Menschen fühlt, daß ihr und ihrem Leibe etwas widerwärtig ist, zieht sie das Herz, die Leber und die Gefäße zusammen. Dabei erhebt sich um das Herz herum eine Art von Nebel, hüllt das Herz in Dunkelheit, und so wird der Mensch traurig. Nach der Traurigkeit aber erhebt sich der Zorn. Wenn nämlich der Mensch inzwischen irgendetwas gesehen oder gehört oder gedacht hat, woher seine Traurigkeit stammt, dann bereitet manchmal der Nebel der Traurigkeit, der sein Herz befallen hat, einen warmen Rauch in allen Säften und um die Galle herum, regt die Galle auf, und so erhebt sich aus der Bitternis der Galle stillschweigend der Zorn. Lässt der Mensch den Zorn nicht zum Ausbruch kommen, sondern findet sich schweigend mit ihm ab, dann beruhigt sich die Galle wieder. Hat aber der Zorn nicht aufgehört, dann dehnt jener Rauch sich auch bis zur Schwarzgalle hin aus, bringt sie in Unruhe, und diese sendet dann aus sich einen tiefschwarzen Nebel aus. Dieser zieht zur Galle hinüber und quetscht aus ihr einen äußerst bitteren Dampf heraus. Mit diesem Dampf zum Gehirn des Menschen hinziehend, lassen beide ihn zuerst im Kopfe krank werden, dann steigen sie zu seinem Bauch herab, erschüttern dessen Gefäße und das Inwendige des Bauches und machen den Menschen wie besinnungslos. So bringt der Mensch, wie seiner selbst nicht bewusst, den Zorn zum Austrage. Denn durch den Zorn rast der Mensch heftiger wie durch irgendeine andere Geistesstörung. Auch verfällt der Mensch oftmals durch den Zorn in schwere Krankheiten, weil, wenn die einander entgegengesetzt

wirkenden Säfte der Galle und der Schwarzgalle wiederholt im Menschen in Aufruhr geraten, sie diesen bisweilen krank machen. Besäße nämlich der Mensch nicht die Bitternis der Galle und die Schwärze der Schwarzgalle, so würde er immer gesund sein.
(S. 221-222)

Von der Freude und vom Lachen

Wenn das Bewußtsein der Seele des Menschen nichts von Trauer, Widerwärtigkeit und Schlechtigkeit im Menschen verspürt, dann öffnet sich auch das Herz desselben Menschen zur Freude, wie die Blumen sich der Sonnenwärme entgegen öffnen. Bald auch nimmt die Leber diese Freude auf und behält sie bei sich, wie der Magen die Speise bei sich behält. Ist nun ein Mensch durch gute oder schlechte Dinge, die ihm gefallen, froh erregt, dann trifft manchmal der vorher erwähnte Wind nach seinem Austritt aus dem Mark zunächst die Lenden, ergreift dann die Milz, erfüllt die Gefäße derselben Milz, breitet sich darauf bis zum Herzen hin aus, erfüllt die Leber, bringt so den Menschen zum Lachen und macht in wieherndem Gelächter seine Stimme der Stimme des Viehs ähnlich. Der Mensch aber, der in seinen Gedanken wie der Wind leicht hin und hergetrieben wird, besitzt eine ziemlich dicke Milz, freut sich deshalb leicht und lacht gerne. Wie aber Traurigkeit und Zorn den Menschen schwächen und dürr machen, so verwundet auch unmäßiges Lachen die Milz, ermüdet den Magen und lässt die Säfte in ihrer Bewegung verkehrt laufen.
(S. 225-226)

Ihre Notizen: